中国梦 我的梦

中共中央宣传部理论局 编

学习出版社

图书在版编目（CIP）数据

中国梦 我的梦/中共中央宣传部理论局编.
-北京：学习出版社，2013.6
ISBN 978-7-5147-0097-8

Ⅰ.①中… Ⅱ.①中… Ⅲ.①社会主义建设模式-中国-通俗读物
Ⅳ.①D616-49

中国版本图书馆CIP数据核字（2013）第106955号

中国梦 我的梦
ZHONGGUOMENG WODEMENG
中共中央宣传部理论局 编

责任编辑：李 岩 黎海华 关宵寅 张 俊
技术编辑：周媛卿 贾 茹

出版发行：学习出版社
北京市崇外大街11号新成文化大厦B座11层（100062）
010-66063020 010-66061634
网 址：http://www.xuexiph.cn
经 销：新华书店
印 刷：北京联兴盛业印刷股份有限公司

开 本：710毫米×1000毫米 1/16
印 张：14
字 数：124千字
版次印次：2013年6月第1版 2013年6月第1次印刷

书 号：ISBN 978-7-5147-0097-8
定 价：35.00元

前　言

近一时期以来，围绕学习贯彻习近平同志关于中国梦的重要讲话精神，中央主要新闻媒体组织了“中国道路中国梦”、“中国梦·赤子心”等主题征文活动，开设“追梦人足迹”、“中国梦·我的梦”、“我的青春我的梦”等专栏，让普通人畅谈对中国梦内涵、价值与意义的理解，展现蕴藏于他们心中的光荣与梦想、自信与希望。现将部分文章汇集成册、编辑出版。

2013年5月

目录
CONTENTS

在同全国劳动模范代表座谈时的讲话

习近平

同志们：

在五一国际劳动节来临之际，我们来到全国总工会机关，和全国劳动模范代表同庆五一节，共话中国梦，感到很高兴。刚才，9位劳模代表先后发言，讲述了在各自岗位上辛勤劳动、发挥才干的先进事迹，抒发了为祖国发展和人民幸福做贡献的人生理想，听后很受感动、也很受启发。

首先，我代表党中央，向你们并通过你们，向全国广大劳动模范和先进工作者，表示崇高的敬意！向全国各族工人、农民、知识分子和其他劳动群众，致以节日的祝贺！

在我们党团结带领人民进行革命、建设、改革各个历史时期，劳动模范始终是我国工人阶级中一个闪光的群体，享有崇高声誉，备受人民尊敬。

在革命战争年代，“边区工人一面旗帜”赵占魁、“兵工事业开拓者”吴运铎、“新劳动运动旗手”甄荣典等劳动模范，以“新的劳动态度对待新的劳动”，积极参加义务劳动，全力支援前线斗争，带动群众投身中国共产党领导的人民解放事业。

新中国成立后，“高炉卫士”孟泰、“铁人”王进喜、“两弹元勋”邓稼先、“知识分子的杰出代表”蒋筑英、“宁肯一人脏、换来万人净”的时传祥等一大批先进模范，响应党的号召，带动广大群众自力更生、奋发图强。王进喜以“宁肯少活20年，拼命也要拿下大油田”的气概，带领石油工人为我国石油工业发展顽强拼搏，“铁人精神”、“大庆精神”成为激励各族人民意气风发投身社会主义建设的强大精神力量。

在改革开放历史新时期，“蓝领专家”孔祥瑞、“金牌工人”窦铁成、“新时期铁人”王启明、“新时代雷锋”徐虎、“知识工人”邓建军、“马班邮路”王顺友、“白衣圣人”吴登云、“中国航空发动机之父”吴大观等一大批劳动模范和先进工作者，干一行、爱一行，专一行、精一行，带动群众锐意进取、积极投身改革开放和社会主义现代化建设，为国家和人民建立了杰出功勋。

2013年4月20日，四川芦山县发生7.0级地震，给当地人民生命财产造成重大损失。一方有难，八方支援。全国各族人民坚决响应党中央号召，大力弘扬伟大抗震救灾精神，全力支援灾区抗震救灾。灾区广大职工同来自全国各地的救援人员携手并肩、同心协力抓紧生产，全国各行各业广大职工积极守望相助，以实际行动支援灾区。灾区各级工会组织和工会干部，积极开展各种救援行动，让“工人先锋号”旗帜飘扬在抗震救灾第一线，彰显了工会组织的号召力、凝聚力、战斗力。希望灾区广大职工和各级工会组织，为夺取抗震救灾斗争全面胜利做出新的更大的贡献。

长期以来，广大劳模以高度的主人翁责任感、卓越的劳动创造、忘我的拼搏奉献，谱写出一曲曲可歌可泣的动人赞歌，为全国各族人民树立了光辉的学习榜样。

我们已经确定了今后的奋斗目标，这就是到中国共产党成立100年时全面建成小康社会，到新中国成立100年时建成富强民主文明和谐的社会主义现代化国家，努力实现中华民族伟大复兴的中国梦。

尽管前进道路并不平坦，改革发展稳定任务仍很艰巨而繁重，但面对未来，我们充满必胜信心。我国工人阶级一定要在坚持中国道路、弘扬中国精神、凝聚中国力量上发挥模范带头作用，万众一心、众志成城，为实现中华民族伟大复兴的中国梦而不懈奋斗。

人民创造历史，劳动开创未来。劳动是推动人类社会进步的根本力量。幸福不会从天而降，梦想不会自动成真。实现我们的奋斗目标，开创我们的美好未来，必须紧紧依靠人民、始终为了人民，必须依靠辛勤劳动、诚实劳动、创造性劳动。我们说“空谈误国，实干兴邦”，实干首先就要脚踏实地劳动。

在迈向未来的征程上，我们必须充分发挥我国工人阶级的重要作用，焕发他们的历史主动精神，调动劳动和创造的积极性。

第一，必须充分发挥工人阶级的主力军作用。工人阶级是我国的领导阶级，是我国先进生产力和生产关系的代表，是我们党最坚实最可靠的阶级基础，是全面建成小康社会、坚持和发展中国特色社会主义的主力军。

改革开放以来，我国工人阶级队伍不断壮大，素质全面提高，结构更加优化，面貌焕然一新，先进性不断增强。展望未来，坚持和发展中国特色社会主义，必须全心全意依靠工人阶级、巩固工人阶级的领导阶级地位，充分发挥工人阶级的主力军作用。全心全意依靠工人阶级不能只当口号喊、标签贴，而要贯彻到党和国家政策制定、工作推进全过程，落实到企业生产经营各方面。

第二，必须紧紧依靠工人阶级发展中国特色社会主义。中国特色社会主义是当代中国发展进步的根本方向，是实现中国梦的必由之路，也是引领我国工人阶级走向更加光明未来的必由之路。我国工人阶级要增强历史使命感和责任感，立足本职、胸怀全局，自觉把人生理想、家庭幸福融入国家富强、民族复兴的伟业之中，把个人梦与中国梦紧密联系在一起，始终以国家主人翁姿态为坚持和发展中国特色社会主义做出贡献。

我国工人阶级要牢固树立中国特色社会主义理想信念，坚定永远跟党走的信念，坚决拥护社会主义制度，坚决拥护改革开放，始终做坚持中国道路的柱石；要自觉践行社会主义核心价值观，发扬我国工人阶级的伟大品格，用先进思想、模范行动影响和带动全社会，不断为中国精神注入新能量，始终做弘扬中国精神的楷模；要坚持以振兴中华为己任，充分发挥伟大创造力量，发扬工人阶级识大体、顾大局的光荣传统，自觉维护安定团结的政治局面，始终做凝聚中国力量的中坚。

第三，必须坚持崇尚劳动、造福劳动者。劳动是财富的源泉，也是幸福的源泉。人世间的美好梦想，只有通过诚实劳动才能实现；发展中的各种难题，只有通过诚实劳动才能破解；生命里的一切辉煌，只有通过诚实劳动才能铸就。劳动创造了中华民族，造就了中华民族的辉煌历史，也必将创造出中华民族的光明未来。“一勤天下无难事。”必须牢固树立劳动最光荣、劳动最崇高、劳动最伟大、劳动最美丽的观念，让全体人民进一步焕发劳动热情、释放创造潜能，通过劳动创造更加美好的生活。

全社会都要贯彻尊重劳动、尊重知识、尊重人才、尊重创造的重大方针，维护和发展劳动者的利益，保障劳动者的权利。要坚持社会公平正义，排除阻碍劳动者参与发展、分享发展成果的障碍，努力让劳动者实现体面劳动、全面发展。全社会都要热爱劳动，以辛勤劳动为荣，以好逸恶劳为耻。

第四，必须大力弘扬劳模精神、发挥劳模作用。榜样的力量是无穷的。劳动模范是民族的精英、人民的楷模。长期以来，广大劳模以平凡的劳动创造了不平凡的业绩，铸就了“爱岗敬业、争创一流，艰苦奋斗、勇于创新，淡泊名利、甘于奉献”的劳模精神，丰富了民族精神和时代精神的内涵，是我们极为宝贵的精神财富。

实现我们的发展目标，不仅要在物质上强大起来，而且要在精神上强大起来。全国各族人民都要向劳模学习，以劳模为榜样，发挥只争朝夕的奋斗精神，共同投身实现中华民族伟大复兴的宏伟事业。广大劳动模范和先进人物要珍惜荣誉、再接再厉，爱岗敬业、无私奉献，做坚定理想信念的模范、勤奋劳动的模范、增进团结的模范。当代工人不仅要有力量，还要有智慧、有技术，能发明、会创新，以实际行动奏响时代主旋律。各级党委、政府和工会组织要高度重视劳模、关心爱护劳模，支持劳模发挥骨干带头作用，帮助劳模解决生产生活中的问题，广泛宣传劳模先进事迹，使劳模精神不断发扬光大。

党对工会寄予厚望，职工群众对工会充满期待。中国工会是中国共产党领导的工人阶级群众组织，是党联系职工群众的桥梁和纽带，是社会主义国家政权的重要社会支柱。中国特色社会主义工会发展道路是中国特色社会主义道路的重要组成部分，深刻反映了中国工会的性质和特点，是工会组织和工会工作始终沿着正确方向前进的重要保证。要始终坚持这条道路，不断拓展这条道路，努力使这条道路越走越宽广。

时代在发展，事业在创新，工会工作也要发展、也要创新。要顺应时代要求、适应社会变化，善于创造科学有效的工作方法，让职工群众真正感受到工会是“职工之家”，工会干部是最可信赖的“娘家人”。要把竭诚为职工群众服务作为工会一切工作的出发点和落脚点，全心全意为广大职工群众服务，认真倾听职工群众呼声，维护好广大职工群众包括农民工合法权益，扎扎实实为职工群众做好事、办实事、解难事，不断促进社会主义和谐劳动关系。要高度重视广大职工的多样化需求，不断拓展职工成长成才空间，着力培养造就一大批知识型、技术型、创新型的高素质职工。各级党委和政府要加强和改善对工会的领导，支持工会开展工作，为工会工作提供更多资源和手段，为工会履职创造更好条件。

同志们，千里之行，始于足下。我们国家的发展前景十分光明，但道路不可能一帆风顺，蓝图不可能一蹴而就，梦想不可能一夜成真。人间万事出艰辛。越是美好的未来，越需要我们付出艰辛努力。

真抓才能攻坚克难，实干才能梦想成真。我们要在全社会大力弘扬真抓实干、埋头苦干的良好风尚。各级领导干部要带头发扬劳模精神，出实策、鼓实劲、办实事，不图虚名，不务虚功，坚决反对干部群众反映强烈的形式主义、官僚主义、享乐主义和奢靡之风“四风”，以身作则带领群众把各项工作落到实处。

我深信，有党中央的坚强领导，有我国工人阶级和全体劳动群众的团结奋进，有全国各族人民的共同奋斗，我们一定能开创更加美好的未来，中华民族伟大复兴的中国梦一定能够实现！

（新华社北京2013年4月28日电）

在同各界优秀青年代表座谈时的讲话

习近平

青年朋友们，同志们：

今天是五四青年节。在这个属于青春的日子里，很高兴来参加“实现中国梦、青春勇担当”主题团日活动，同各条战线的优秀青年代表一起交流，聆听大家抒发与祖国共奋进、与时代齐发展的青春感受。

首先，我代表党中央，向全国各族各界青年，致以节日的问候！向荣获中国青年五四奖章的青年朋友们，向中国大学生和全国高校辅导员年度人物、中国青年创业奖获得者、全国农村青年致富带头人标兵、“西部计划”优秀志愿者等优秀青年代表，表示热烈的祝贺！向各行各业的先进青年典型，表示由衷的敬意！

我们同青年朋友们到航天城来，就是要实地感受载人航天精神，激励包括广大青年在内的全国各族人民为实现中华民族伟大复兴的中国梦而奋斗。

刚才，不同领域的优秀青年代表作了很好的发言。在你们身上，充分体现了当代青年报效祖国的远大志向、朝气蓬勃的精神风貌、自强不息的意志品格、甘于奉献的思想境界，也充分体现了广大青年对中国特色社会主义的坚定信念、对实现中华民族伟大复兴的必胜信心。

青年最富有朝气、最富有梦想。近代以来，我国青年不懈追求的美好梦想，始终与振兴中华的历史进程紧密相联。在革命战争年代，广大青年满怀革命理想，为争取民族独立、人民解放冲锋陷阵、抛洒热血。在社会主义革命和建设时期，广大青年响应党的号召，向困难进军，向荒原进军，保卫祖国，建设祖国，在新中国的广阔天地忘我劳动、艰苦创业。在改革开放历史新时期，广大青年发出团结起来、振兴中华的时代强音，为祖国繁荣富强开拓奋进、锐意创新。在最近的芦山抗震救灾中，大批青年临危不惧、顽强拼搏，广大青年心系灾区、无私奉献，为抗震救灾做出了重要贡献。

历史和现实都告诉我们，青年一代有理想、有担当，国家就有前途，民族就有希望，实现我们的发展目标就有源源不断的强大力量。

党的十八大描绘了全面建成小康社会、加快推进社会主义现代化的宏伟蓝图，发出了向实现“两个一百年”奋斗目标进军的时代号召。根据党的十八大精神，我们明确提出要实现中华民族伟大复兴的中国梦。现在，大家都在谈论中国梦，都在思考中国梦与自己的关系、自己为实现中国梦应尽的责任。

——中国梦是历史的、现实的，也是未来的。中国梦凝结着无数仁人志士的不懈努力，承载着全体中华儿女的共同向往，昭示着国家富强、民族振兴、人民幸福的美好前景。

——中国梦是国家的、民族的，也是每一个中国人的。国家好、民族好，大家才会好。只有每个人都为美好梦想而奋斗，才能汇聚起实现中国梦的磅礴力量。

——中国梦是我们的，更是你们青年一代

的。中华民族伟大复兴终将在广大青年的接力奋斗中变为现实。

在革命、建设、改革各个历史时期，中国共产党始终高度重视青年、关怀青年、信任青年，对青年一代寄予殷切期望。中国共产党从来都把青年看作是祖国的未来、民族的希望，从来都把青年作为党和人民事业发展的生力军，从来都支持青年在人民的伟大奋斗中实现自己的人生理想。

现在，我们比历史上任何时期都更接近实现中华民族伟大复兴的目标，比历史上任何时期都更有信心、更有能力实现这个目标。行百里者半九十。距离实现中华民族伟大复兴的目标越近，我们越不能懈怠，越要加倍努力，越要动员广大青年为之奋斗。

展望未来，我国青年一代必将大有可为，也必将大有作为。这是"长江后浪推前浪"的历史规律，也是"一代更比一代强"的青春责任。广大青年要勇敢肩负起时代赋予的重任，志存高远，脚踏实地，努力在实现中华民族伟大复兴的中国梦的生动实践中放飞青春梦想。

第一，广大青年一定要坚定理想信念。"功崇惟志，业广惟勤。"理想指引人生方向，信念决定事业成败。没有理想信念，就会导致精神上“缺钙”。中国梦是全国各族人民的共同理想，也是青年一代应该牢固树立的远大理想。中国特色社会主义是我们党带领人民历经千辛万苦找到的实现中国梦的正确道路，也是广大青年应该牢固确立的人生信念。

广大青年要坚持用邓小平理论、“三个代表”重要思想、科学发展观武装头脑，把理想信念建立在对科学理论的理性认同上，建立在对历史规律的正确认识上，建立在对基本国情的准确把握上，不断增强道路自信、理论自信、制度自信，增强对坚持党的领导的信念，永远紧跟党高高举起中国特色社会主义伟大旗帜。

第二，广大青年一定要练就过硬本领。学习是成长进步的阶梯，实践是提高本领的途径。青年的素质和本领直接影响着实现中国梦的进程。古人说：“学如弓弩，才如箭镞。”说的是学问的根基好比弓弩，才能好比箭头，只要依靠厚实的见识来引导，就可以让才能很好发挥作用。青年人正处于学习的黄金时期，应该把学习作为首要任务，作为一种责任、一种精神追求、一种生活方式，树立梦想从学习开始、事业靠本领成就的观念，让勤奋学习成为青春远航的动力，让增长本领成为青春搏击的能量。

广大青年要坚持面向现代化、面向世界、面向未来，增强知识更新的紧迫感，如饥似渴学习，既扎实打牢基础知识又及时更新知识，既刻苦钻研理论又积极掌握技能，不断提高与时代发展和事业要求相适应的素质和能力。要坚持学以致用，深入基层、深入群众，在改革开放和社会主义现代化建设的大熔炉中，在社会的大学校里，掌握真才实学，增益其所不能，努力成为可堪大用、能担重任的栋梁之材。

第三，广大青年一定要勇于创新创造。创新是民族进步的灵魂，是一个国家兴旺发达的不竭源泉，也是中华民族最深沉的民族禀赋，正所谓"苟日新，日日新，又日新"。生活从不眷顾因循守旧、满足现状者，从不等待不思进取、坐享其成者，而是将更多机遇留给善于和勇于创新的人们。青年是社会上最富活力、最具创造性的群体，理应走在创新创造前列。

广大青年要有敢为人先的锐气，勇于解放思想、与时俱进，敢于上下求索、开拓进取，树立在继承前人的基础上超越前人的雄心壮志，

“以青春之我……，创建青春之国家，青春之民族”。要有逢山开路、遇河架桥的意志，为了创新创造而百折不挠、勇往直前。要有探索真知、求真务实的态度，在立足本职的创新创造中不断积累经验、取得成果。

第四，广大青年一定要矢志艰苦奋斗。“宝剑锋从磨砺出，梅花香自苦寒来。”人类的美好理想，都不可能唾手可得，都离不开筚路蓝缕、手胼足胝的艰苦奋斗。我们的国家，我们的民族，从积贫积弱一步一步走到今天的发展繁荣，靠的就是一代又一代人的顽强拼搏，靠的就是中华民族自强不息的奋斗精神。当前，我们既面临着重要发展机遇，也面临着前所未有的困难和挑战。梦在前方，路在脚下。自胜者强，自强者胜。实现我们的发展目标，需要广大青年锲而不舍、驰而不息的奋斗。

广大青年要牢记“空谈误国、实干兴邦”，立足本职、埋头苦干，从自身做起，从点滴做起，用勤劳的双手、一流的业绩成就属于自己的人生精彩。要不怕困难、攻坚克难，勇于到条件艰苦的基层、国家建设的一线、项目攻关的前沿，经受锻炼，增长才干。要勇于创业、敢闯敢干，努力在改革开放中闯新路、创新业，不断开辟事业发展新天地。

第五，广大青年一定要锤炼高尚品格。中国特色社会主义是物质文明和精神文明全面发展的社会主义。一个没有精神力量的民族难以自立自强，一项没有文化支撑的事业难以持续长久。青年是引风气之先的社会力量。一个民族的文明素养很大程度上体现在青年一代的道德水准和精神风貌上。

广大青年要把正确的道德认知、自觉的道德养成、积极的道德实践紧密结合起来，自觉树立和践行社会主义核心价值观，带头倡导良好社会风气。要加强思想道德修养，自觉弘扬爱国主义、集体主义、社会主义思想，积极倡导社会公德、职业道德、家庭美德。要牢记“从善如登，从恶如崩”的道理，始终保持积极的人生态度、良好的道德品质、健康的生活情趣。要倡导社会文明新风，带头学雷锋，积极参加志愿服务，主动承担社会责任，热诚关爱他人，多做扶贫济困、扶弱助残的实事好事，以实际行动促进社会进步。

为实现中华民族伟大复兴的中国梦而奋斗，

是中国青年运动的时代主题。共青团要在广大青少年中深入开展“我的中国梦”主题教育实践活动，为每个青少年播种梦想、点燃梦想，让更多青少年敢于有梦、勇于追梦、勤于圆梦，让每个青少年都为实现中国梦增添强大青春能量。要用中国梦打牢广大青少年的共同思想基础，教育和帮助青少年树立正确的世界观、人生观、价值观，永远热爱我们伟大的祖国，永远热爱我们伟大的人民，永远热爱我们伟大的中华民族，坚定跟着党走中国道路。要用中国梦激发广大青少年的历史责任感，发扬“党有号召、团有行动”的光荣传统，在党和国家工作大局中找准自身工作的切入点和结合点，组织动员广大青少年支持改革、促进发展、维护稳定。要积极为广大青少年实现梦想提供服务，切实改进作风，深入基层、走进青年，想青年之所想，急青年之所急，代表和维护青少年普遍性利益诉求，努力为广大青少年成长成才创造良好环境。

青年模范人物是广大青少年学习的榜样，肩负着更多社会责任和公众期望，在青少年中乃至全社会都有着很强的示范带动作用。希望青年模范们再接再厉、严于律己、锐意进取，用自身的成长历程、精神追求、模范行动为广大青少年作好表率。

青年兴则国家兴，青年强则国家强。我们党自成立之日起，就始终代表广大青年、赢得广大青年、依靠广大青年。各级党委和政府要充分信任青年、热情关心青年、严格要求青年，为青年驰骋思想打开更浩瀚的天空，为青年实践创新搭建更广阔的舞台，为青年塑造人生提供更丰富的机会，为青年建功立业创造更有利的条件。各级领导干部要关注青年愿望、帮助青年发展、支持青年创业，做青年朋友的知心人，做青年工作的热心人。

青年朋友们，人的一生只有一次青春。现在，青春是用来奋斗的；将来，青春是用来回忆的。人生之路，有坦途也有陡坡，有平川也有险滩，有直道也有弯路。青年面临的选择很多，关键是要以正确的世界观、人生观、价值观来指导自己的选择。无数人生成功的事实表明，青年时代，选择吃苦也就选择了收获，选择奉献也就选择了高尚。青年时期多经历一点摔打、挫折、考验，有利于走好一生的路。要历练宠辱不惊的心理素质，坚定百折不挠的进取意志，保持乐观向上的精神状态，变挫折为动力，用从挫折中吸取的教训启迪人生，使人生获得升华和超越。总之，只有进行了激情奋斗的青春，只有进行了顽强拼搏的青春，只有为人民做出了奉献的青春，才会留下充实、温暖、持久、无悔的青春回忆。

青年朋友们，我坚信，在党的领导下，只要全国各族人民紧密团结，脚踏实地、开拓进取，到21世纪中叶，我们必将建成富强民主文明和谐的社会主义现代化国家，我国广大青年必将同全国各族人民一道共同见证、共同享有中国梦的实现！

（新华社北京2013年5月4日电）

把握为梦想奋斗的机会

▲陈利浩

“中国梦是民族的梦，也是每个中国人的梦”，“有梦想，有机会，有奋斗，一切美好的东西都能够创造出来。”习近平主席的这些话，让人心潮激荡。我更从自己这么多年来的奋斗经历中，深深体会到这一点。生活在这个飞速发展的时代和欣欣向荣的国家，每个人都应该有梦，也拥有实现梦想的有利条件和广阔空间。个人、时代、国家，梦想、机会、奋斗，缺一不可，又互相成就。

20世纪80年代末，走在改革开放前沿的经济特区发展急需科技人才，小平同志南方谈话更向全国发出“科学技术是第一生产力”的时代强音，并对珠海“百万元重奖科技人员”的做法予以肯定，在这股春风的召唤下，我离开工作近20年的原单位，南下珠海创业。两年后，我成为珠海第三届科技重奖特等奖的首席获奖人，科技之梦成真。

党的十四届三中全会正式决定建立社会主义市场经济，确定了“以公有制为主体、多种经济成分共同发展”的方针，我放弃“铁饭碗”，创办了产权明确、激励充分的股份制公司，并成功上市，已连续9年跻身“国家重点软件专业”的行列，“创业”之梦成真。

如果说，我的科技梦、创业梦，更多得益于这个伟大的时代，那么，进入21世纪后，我的梦想也在变化，更渴望为这个时代、这个国家多做些什么。2005年，党的十六届五中全会强调全面落实科学发展观，特别强调协调发展、可持续发展。作为九三学社社员和政协委员，我致力于“低碳发展”理念，提出多项提案和建议。这一理念已经在全国范围内形成共识，我本人也连续4年蝉联全国的“低碳人物”。

中国特色社会主义事业的建设，使“新社会阶层”得到快速发展。我也渴望着回报社会、投身公益。2011年，通过微博向温州动车事故中的小伊伊捐款；2012年，帮助“最美北京爱情故事”的主角廖丹偿还医院透析欠款；2013年，又为帮助云南彝良“最美代课教师”的“新年第一善”捐款。我也因此获得了多项公益奖项，初圆“投身公益”之梦。

现在，我更感觉到，中国梦的实现，需要通达社情民意、促进良性互动、完善社会管理。利用信息手段，发挥移动互联网的优势创新社会服务和管理，“献计社会管理”，是我新的梦想。

回头看，我这么多年来，就是一个寻梦、追梦、梦圆的过程。这些梦想烙印着时代的发展、社会的进步，梦想成真的过程，更印证了一个国家和民族的伟大进步。试想，如果没有“科技是第一生产力”的发展理念，如果没有对市场经济的科学把握，什么科技梦、创业梦，恐怕永远只能是遥远的梦想，最起码，梦圆的过程会很艰难。而如果没有科学发展观的确立，没有生态文明建设的国家战略，“低碳梦”也不可能在全国范围内迅速成为共识。如果没有公众对社会公共事务的参与热情，所谓“微公益行动”、“献计社会管理”想法，就不可能有“众人拾柴火焰高”的效果。

的确，这是一个鼓励每个人都拥有梦想的时代，这是一个可以让人人都有出彩机会的国家，也正是这样一个充满着生机活力的国家，让每个人的梦想可以很丰满、人生可以不断追求。对个人来说，有梦想，才有希望，才有方向。在今天的中国，梦想要能成真，必须把握每一个平凡而关键的机会，必须“照进”中华民族伟大复兴的现实，必须扎根于中国特色社会主义事业的土壤。用每个人的爱国、理性、责任和自信，圆中国梦，唱“国际歌”，谱时代音。只要这样，每个中国人的人生出彩，定能汇聚成国家的发展、社会的成长。

（2013年3月26日《人民日报》）

绿色崛起绽放中国梦

▲丁式江

生态就是生命线，环境就是生命力。当“绿色崛起”成为海南的战略选择，又何尝不是一幅“美丽中国”画卷的展开呢？

2013年年初，《中国国家地理》杂志连续推出了两期海南专辑，第二期以《海南还有梦吗》为主题，介绍了从1988年海南建省以来，在这个中国最大特区发生的寻梦故事。

海南还有梦吗？当然。海南一直都有梦，这个梦也一直是中国梦的组成部分。改革开放后，海南遇到过至少3次大的发展机遇，经过多年的追寻，海南的梦越来越清晰，也越来越“自然”。

25年前，改革开放使海南从“海外孤岛”陡然成为中国“最大的经济特区”。海南建省开启了“十万南下大军”的寻梦之路，人们触摸到新时代的来临，每个人都为冲破旧机制的时代所激励。当年的“闯海者”如今工作在海南各行各业。《中国国家地理》有篇文章题为《我过上了比梦想更为精彩的生活》，一语道出了许多海南寻梦人的心声。

25年过去了，海南的发展又进入了新的时代。2012年某网站曾做过“2012年度记忆海南十大新闻关键词评选”，“绿色崛起”成为网友最认可的词汇。工业化带来的一系列环境问题令人们认识到，生态就是生命线，环境就是发展力。让天更蓝、地更绿、水更清、家更美，实现永续发展，成为海南人和海南的新梦想。与其先优先发展后再破解“十面霾伏”，不如宁可牺牲一点儿发展速度，保护好生态环境这个“金饭碗”，发展与建设要充分考虑到自然条件与环境的承载能力，全面小康的梦想要在节约资源、保护环境、尊重自然的大前提下织就。这种发展共识，已经成为省委、省政府的重大战略部署，化为海南各地保护生态环境的内在动力，作为一任地方领导，我们也感到责重如山。

绿色崛起，是海南省发展理念、发展模式、发展道路、发展战略的质的飞跃。曾经，为了实现“海南梦”，海南人在产业选择上走过弯路。经过无数次的摇摆，最终认定了“绿色崛起”之路、生态文明建设之路才是“正道”，海南的区域发展才由此重新定位。这既是海南的选择，也是国家的战略。保护好海南的生态环境，利用好海南的生态资源，也是中央和省里交给我们的历史责任。

当然，对于海南和中国来说，将一个工业、农业都处于初级阶段、拥有3.4万平方公里、近900万人口的较大区域，通过生态文明的建设实现全方位的跨越发展，在世界上也是一个挑战。从这个意义上说，我们现在做的，因此有了中国意义、世界意义。

前两天去万宁长丰镇一个叫做边肚村的黎族小村庄。一进村口，就见老人在大树下喝茶聊天，孩子在房前屋后奔跑嬉戏。村落深处，家家花儿争奇斗妍，户户都似小花园，庭院里的那些垂花火鸟蕉、面包果树，拥有很高的经济价值。一了解，这里的好生态吸引了不少旅游开发，院子里种的花儿也成了“摇钱树”。好空气、好水源、好生态，就是一种最可贵、最永续的生产力。尤其是当它们在其他地方变得“稀缺”时，就愈显出其价值，愈提醒我们的责任。

海南梦就是中国梦的地区篇，海南梦也是人民梦的集合篇。梦到深处始自然，在这个红火又安静的村庄中，可以真切地感到个人的梦想、村落的梦想、地区的梦想如涓涓溪流，正汇入中国阔步发展的梦想海洋中，汇聚在“美丽中国”的宏图壮景上。

（2013年4月2日《人民日报》）

在乡土中生长创业梦

▲汪先怀

20年前，我告别贫困的家乡，怀着憧憬与希望，在懵懂与茫然中到温州打工。20年后，我已回乡在村里办起了一个小鞋厂。这20年的打工创业经历，让我明白一个道理：永不放弃，梦想总会有实现的那一天。我的寻梦追梦之旅，或许能窥见中国现代化进程中2.6亿农民工的梦想轨迹。

从农田里走出来，学做裁缝，当过鞋厂仓库管理员，在煤矿、铁矿里干过苦力，在企业跑过业务，不到8年，我打工的年薪已有十几万，内心里的创业梦开始萌动。尽管，我的第一次创业——经营销售店面，在激烈的市场中梦断温州，但失败也是一种财富，它并没有泯灭我的梦想，反而让我在教训的吸取中，重新定位方向、路径，离梦想更近。因为我明白，仅有梦想还不够，只有机会也不行，还需要有实现梦想的能力。

2010年，我回家乡办了鞋厂。在产业梯度转移大势下，地处中部的安徽老家，有综合性的低成本优势，我也有对接“中国鞋都”温州的经验和能力。2011年年底我成立了公司，注册了两个商标，准备打出自己的品牌。2013年五一就让产品上市，计划在县城开一家实体店，同时开一家网店。我梦想将来在合肥、武汉等大城市设点，同时做好网络营销。

创业不易，需要工人有素质，更希望资金能周转。全套制鞋设备就得70多万元，还要加上厂房租金、工人薪资，资金是个难题。好在政府已经加大对小微企业扶持力度，我准备贷款60万元，目前还在贷款评估环节。我相信，办法总比困难多。更重要的是，失败与困难，反而能让我对梦想之路，坚定信心。

儿时就有一个梦想，想为家乡做点事，让家乡更美好。现在，青年农民都出去打工，谁来建设家园啊。不少夫妻不能团圆，孩子一年难见父母。办一个企业，梦想就有了载体。什么叫和谐农村？我理解就是一家几口奔小康，和和美美过日子，父母在自己身边，自己有地方上班。2013年春节，我留住了十几位技术工人。目前，在公司工作的员工有40多人，90%是留守妇女。等公司走上正轨后，能够吸纳差不多120人就业。我现在还没有能力改变整个乡镇，但我能成全五六十个家庭。我认为，城镇化有企业才能拴住人。

最近看电视剧《温州一家人》，相似的创业经历让我共鸣。主人公创业失败后那种永不放弃的精神，现实中温州人那一股子闯劲，让我感同身受。温州是我的“精神发源地”，我在那里不仅学会了经验与技术，更有创业的智慧与胆识。20年前的康奈、红蜻蜓等都是只有30多个人的小厂，我亲眼见它们崛起为著名企业和品牌。别人能做的事我也能做。回看自己的创业历程，真正体会到，国家经济发展了，才能造就自己的企业梦。

知识改变命运，更能成就梦想。我才初中毕业，现在做企业深感知识缺乏，前几年就报考四川农业大学的远程教育，学习企业管理、市场营销。回望20年的追梦历程，我最大的感受就是，梦想是走出来的。经失败、历辛酸，越打拼，离实现梦想就会越近。这个时代最可宝贵处，就是只要不放弃，梦想总有生长发芽的地方。只要你一直向前，就会离梦想成真不远。我现在只有一个信念，就是把梦想之路走下去。

（2013年4月8日《人民日报》）

在基层读懂中国

▲于丁丁

转眼间，我到基层工作快两年了。这期间，有帮助老百姓后得到一声感谢的感动，也有了解社会后看到种种丑恶现象时的愤慨；有过工作在基层的成就感，也有过生活在陌生地方的孤独感。吃过苦、受过累，但也找清了方向，得到了成长。

“在农村，才能读懂中国。只有读懂了中国，才能更好实现自己的价值。”这是毕业前夕一位老师告诉我的。2011年大学毕业后，我放弃在北京待遇优厚的工作，选择了重庆市最偏远的国家级贫困县——巫山县，成为一名服务基层的选调生。

刚到巫山，我与其他7名选调生被安排进行一个月的党性实践锻炼，与村民同吃同住同劳动，几乎每天徒步两三个小时的山路走访农户。这些生活在大山里的老百姓，给了从小在大城市长大的我巨大震撼。有一次，我们走了很远的山路去探访一对老夫妻。他们居住在一个不通电、不通公路的小土房里，两个儿子都在外地打工。但他们并未觉得生活很苦，每天踏踏实实地耕耘生活，让自己的玉米地收成更好，因为他们有让生活更美好的梦想。

这个月下来，我收获很多，觉得只要可以天天接触老百姓、了解基层，再苦再累都不怕，也更加坚定了自己要在基层大干一场的决心。

锻炼结束后，我先是被借调到县城，每周编写简报；后来又被下派到一个乡镇，主要工作变成了接电话、端茶倒水。工作突然变得琐碎起来，那段时间，我觉得离“大干一场”相去甚远。在网上看到朋友和同学们分享着聚会的照片或讨论着刚上映的电影，我有一种孤独感和失落感，甚至暗暗后悔当初的决定。

经历一段时间的迷茫，我慢慢意识到：要仰望星空，还得脚踏实地。我深感在基层，也许所做的事不能轰轰烈烈，但却是实实在在。

有位住在高山村的老百姓，需要为刚出生的孩子办出生证明。他告诉我，凌晨5点他就骑着摩托车往山下赶。下山没有公路，他走了4个小时布满碎石子的山路，因为天黑路滑还摔了一跤。还有位老人，在办公室外大哭。我扶起她，给她倒水，好言安慰，老人的情绪渐渐稳定。她告诉我，因为违法占用公共用地建房，房子被拆了，她承认自己违规建房不对，但看到情况相同的另两户人家没有被拆，觉得不公平。

大多数村里的老百姓，也许从来不会去思考自己的梦想是什么，所期望的，也许仅仅是一个盖在出生证明上的公章，以便顺利办到户口；一次简单的惠农政策宣传解释，因为这可以让他们多上好几百元的收入；一个来自基层干部的微笑，就能让他们感受到应有的尊重和温暖。这些“梦想”平凡而又真实，对于普通基层干部来说，这只是几分钟、甚至几秒钟可以办完的小事，但是对于老百姓来说，却是大事。

就这样，我对基层产生了热烈深沉的感情，也开始更深一步地了解基层、读懂中国。不再抱怨工作、不再羡慕身处繁华都市的朋友，而是踏踏实实，一步一个脚印地走下去。人生的幸福无关于钱和权，最重要的应该是追逐梦想的经历。

喜欢巫山的大山，因为大山有它处变不惊的胸怀；喜欢巫山的大江，因为大江有它宠辱皆忘的气势。回想当初的理想、两年的经历，很欣慰，我至今仍记得自己是来了解基层读懂中国的。我们每一个人都应该踏踏实实地为了自己的梦想而奋斗，也许，这就是我们的中国梦。

（2013年4月9日《人民日报》）

时代需要“石夯干劲”

▲蓝永信

我家乡所在的小山村，地处偏远，条件恶劣，水旱灾害频繁。村民世世代代的梦想，就是水旱无忧。

20世纪70年代末，村里响应上级号召，大兴水利建设热潮。当时条件相当艰苦，没有任何劳动报酬，村民全都是自觉自愿参加。没有足够粮食，吃的是红薯、玉米等粗杂粮；没有施工机械，全靠扁担挑、石夯砸。经过3年多不停歇的接力奋战，建成了一座200多米长堤坝、120多亩水面的山塘水库，彻底根治了水涝旱灾。村里人这种“宁愿苦干、不愿苦熬”的不服输精神，被赞誉为“扁担精神”、“石夯干劲”。

然而，2013年春节回家过年，却看到了另一番情形：水库泥沙淤积，水深仅及腰部，排水系统损坏严重，呈现一片破败局面，农业旱涝保收已不能保证。问村支书为何不组织发动村民整修，支书无奈地摇着头说，现在的人不想吃苦、吃不起苦，而且很实际，非得依靠机械施工不可，而机械施工所需经费，不下200万元。

当年参加水库修建的一位老劳模回首往事时动情地说："你们年轻人很难体会我们当年劳动时的那种快乐和干劲。"老劳模不后悔当年的艰苦和所谓的"吃亏"，而是说"快乐"和"干劲"，这的确引人深思。

水库失修，虽然跟农村空心化等现状有关，但如老劳模所说，少了当年创业时那股"扁担精神"、"石夯干劲"，也是重要原因。现在我们的物质条件好了，但艰苦奋斗精神却少了，这让人想起德国哲学家叔本华说的话："我们很少想到我们有什么，可是总想到缺什么。"

小山村水库变泥塘，提醒我们，离开艰苦奋斗精神，只会让梦想白白搁浅。地方发展如是，更大层面上亦如是。梦想之路从来就不是一路坦途、一帆风顺。一个没有艰苦奋斗精神作支撑的民族，是难以自立自强的；一个没有艰苦奋斗精神作支撑的国家，是难以兴旺发达的；一个没有艰苦奋斗精神作支撑的政党，是难以发展进步的。

有梦最美，艰难玉成。共产党人是靠艰苦奋斗起家的，也是靠艰苦奋斗发展壮大、成就伟业的。近日访问延安圣地，让我更深切地体味到了这点。当年毛泽东请华侨领袖陈嘉庚吃饭时，席上只有战士们自己种的蔬菜和邻居送来的一只母鸡，与蒋介石在重庆宴请时一顿饭800大洋形成巨大反差。无怪乎，陈嘉庚先生会作出“国民党必败、共产党必胜”的洞见。瞻仰朱德总司令住过的窑洞时，想到当年国民党将领续范亭到延安考察，见到这位身经百战、威震敌胆的八路军总司令，竟穿着粗布衣服，像个普通庄稼汉，深为感动之下挥毫赋诗：“敌后撑持不世功，金刚百炼一英雄。时人未识将军面，朴素浑如田舍翁。”

艰苦奋斗是共产党人的传家宝。不管是党员干部还是普通群众，也不管离中国梦有多么近，都要把这个宝传承下来，内化于心、外化于行，以艰苦奋斗精神把中国梦的美好蓝图在我们手中变成现实。

（2013年4月10日《人民日报》）

城市转型让人诗意栖息

▲杨树平

中国梦是实现民族复兴、国家富强、人民幸福的梦，也是一座座城市“破茧成蝶”、实现转型发展之梦。

黄河豫晋陕“金三角”大拐弯处，惊涛拍岸，中流砥柱亘古屹立。每临此地，都能领略到一种百折不挠、愈挫愈坚的中国精神。三门峡这座在中华灿烂文明中孕育生长的城市，从来都不乏发奋前进、追逐梦想的步履。

追梦的脚步踏在现实中国的大地上。近年来，转变经济发展方式成为国家经济发展的主线。在中部欠发达地区，特别是资源型工业城市，转型发展更是一任地方领导责任所系。但转型应转向哪里？该如何转？2008年的国际金融危机，让我们经历了前所未有的困难和挑战。巴尔扎克曾说：“危机是强者的晋身阶梯，是弱者的无底深渊。”痛定思痛，我们更加清醒地认识到，城市的转型发展已经等不得、慢不得。只有未雨绸缪、主动转型，尽快跳出资源陷阱、摆脱路径依赖，才能寻找到持续发展的新动力。

转型发展开启了城市新的追梦之旅。从痛下决心、壮士断腕到初见成效，转型脚印越来越清晰、步伐越来越坚定。抢抓中原经济区建设的机遇，实施大通关、大交通、大旅游、大商贸和高新技术“四大一高”战略，推动传统产业高端化、高新产业规模化，促进投资、出口、内需三大增长要素活力迸发，实现第一、第二、第三产业协调运转，积极对接周边、延及周边，探索具有城市特色的转型发展之路。

梦想有多大，舞台就有多大。转型发展经验给我们以深刻的启示，说明转变经济发展方式潜力巨大，即使是经济欠发达地区、资源型工业城市，也能按照可持续发展的高标准起步。我们的民营企业掌握了世界领先的电动汽车核心技术，把研发中心建在上海，而应用研发成果的电动汽车将在三门峡生产，年底前批量推向市场；我们的民营企业家面对世界五百强企业的竞争，成功联手并购了日资的微型马达生产企业，产品广泛应用于世界知名电子厂商。河南最西部的内陆企业“抢滩”发达地区，这是属于我们城市的“光荣与梦想”。

每年冬天，成千上万只白天鹅不惜万里，从遥远的西伯利亚长途跋涉到河南最西部的城市栖息越冬。在广阔明澈、碧波荡漾的库区湖面上，这些精灵蹁跹起舞，自由自在地嬉水觅食，仿佛演绎着《天鹅湖》的迷人乐章。诗人舒婷感慨：“白天鹅落脚的地方是我们心中光明的河。”由昔日的几百只到现在的2万多只，对栖居环境极为挑剔的白天鹅对这里情有独钟，堪称一座城市转型发展的缩影。

中国梦是一个个城市梦想的宏大集结。建设创新开放、富裕文明、平安和谐、生态宜居城市，让人民群众的创造热情更高涨，心胸眼界更宽广，物质生活更殷实，精神生活更丰富，社会生活更安康，相互交往更融洽，生存环境更优美，居住条件更舒适，这一切凝结着人民群众对美好生活的向往，蕴藏着人生出彩的机会。

“九层之台，起于累土；千里之行，始于足下。”城市里人们充满自信的笑容，昭示着这座城市的前景与希望。一同建设、一同创造、一同奋斗，只要善做善成、一步一个脚印，美好的梦想必能成为生动的现实，闪闪的城市星座必将构成灿烂的中国梦星空。

（2013年4月12日《人民日报》）

实现中国梦需“在正道上行”

▲成锡锋

政治发展道路对一个国家的民主政治建设和经济社会发展起着方向性和规定性作用。因为国情不同，世界各国对政治发展路径的选择无疑会有所不同，此之谓“登山千条道，同仰一月高”。然而就一个国家而言，必有最符合本国国情、最能解放本国生产力的政治发展道路。我们的责任，就在于寻找到这条必由之路，然后坚定不移、坚持不懈地走下去。

近代以降，中华儿女一直在寻找着这条道路，其间曾尝试过西方议会制度和多党制度，从康有为、梁启超的维新变法到孙中山的资产阶级民主革命，都试图按照三权鼎立的学说改造中国，以致辛亥革命后一度出现过300多个政党，但最后都由于不合规律、不适国情、不顺民意，以失败而告终。

抗战胜利前后发展起来的许多民主党派都经历见证了这一切。渴望民主、追求进步的民主党派先驱者们，在血与火的洗礼中选择了中国共产党和社会主义道路。这种信仰，源于实践而发自内心，一经确立便始终不渝。1958年，中国民主促进会的创始人马叙伦先生重病住院，他留下的最后一幅题词便是：“我们只有跟着共产党走，才是在正道上行……”

几十年来，我们民进会员和其他民主党派成员一道自觉“在正道上行”，为社会主义建设和改革开放做出了应有的贡献。而在实现中华民族复兴伟大梦想的征程中，和中国共产党亲密合作的参政党的每一位成员，无疑更应把“在正道上行”作为基本的政治准则和自觉的政治行动。

在正道上行，就是要忠贞不渝地接受中国共产党的领导。我国国情之特殊世所罕见，问题之复杂前所未有，必须有一个具备科学决策力、强大凝聚力、非凡整合力、卓越驾驭力的政党作为“主心骨”。中国共产党具有科学指导的理论优势、信念支撑的政治优势、民主团结的组织优势、联系群众的作风优势、永葆先进的党性优势、经验丰富的实践优势，无疑可膺此重任，是全国人民无可替代的领导核心。

在正道上行，就是要坚定不移地走中国特色社会主义政治发展道路。效率低下的多党制不适合中国国情，三权分立的洋处方治不了中国病。而中国特色社会主义道路，既遵循了政治建设发展规律，又适应了中国国情，更体现了中国人民的意志、愿望和根本利益，是实现中国梦的根本保障。

在正道上行，就是要坚持不懈地履行参政党职能。杜勃罗留波夫说过："真正的爱国主义不应表现在漂亮的语言上，而应表现在为祖国、为人民谋福利的行动上。"我们都应认识到，时代不仅赋予共产党人神圣的执政使命，也赋予民主党派光荣的参政重任。因此我们要强化家国情怀、担当意识和实干精神，追梦不耽于空想，爱国不骛于虚声，为民不流于空谈。一方面通过做好本职工作而强国富民，另一方面通过履行矫正时弊的民主监督职能、促进发展的参政议政职能、化解矛盾的维护稳定职能，为实现富强、民主、文明、和谐、美丽的中国梦做出应有的贡献。

（2013年4月17日《人民日报》）

在起跑线上助力中国梦

▲殷红博

我选择幼儿教育是一个偶然。高中时，受家庭和参加中越战争的解放军英雄感染，我选择报考军工院校。大四时，有机会接触到中国著名科学家钱学森院士。“中国需要科学家、需要工程师，但更需要教育家。搞社会科学和搞教育，要是理工科出身会有更大作为。”——钱老一席话改变了我的军工报国梦，选择投身幼教事业，开始追赶教育强国梦。

中国学前教育研究一直落后于发达国家。学前教育最核心的问题，是要拥有完全原创的自主知识产权，有符合中国语言文化规律的教育理论和理念、适合中国孩子身心发展规律的幼教体系和教材，以及幼师培养体系和教材，依靠“教育舶来品”很难教好中国孩子。我和同事们的工作就从这个目标起步，经过近30年3.6万余人次长期跟踪研究与教学实践，总结出“儿童发展关键期全素质教育理论”，创立了“儿童发展关键期全素质教育体系”和“中国幼儿师资全素质优势培养体系”。

有理论，更要有具体实践者、转化者。这却是当前的一个薄弱环节。“入托难”，说到底，就是优质师资过少造成的。近几年报道的虐童事件几乎都出在民办幼儿园，幼师素质问题更引起全社会关注。这一方面因为，幼师经常被视为“看孩子的”，社会地位较低，待遇福利较差，职业倦怠和职业逃避现象严重；另一方面，民办园由于没有编制、职称，老师的学历普遍起点较低。在欠发达地区，正规幼师毕业的老师更是难觅。

学前教育的差距，还表现在教育方法上。研究表明，人类50%的发展关键期在3岁之前，70%的发展关键期在7岁之前。但很多幼儿教育里，填鸭式教育、死记硬背、小学化教育很普遍，重知识不重能力，尤其是品德教育、关爱教育和社会责任感教育不足，甚至还因为过分溺爱而让孩子产生攀比、自私、虚荣等不良人格品质。

中国家长常说，孩子不能输在起跑线上。对社会来说，培养大量合格的幼师，做孩子起跑时的助力器、领航员，具有长远而现实的意义，也意味着幼教事业必须超越简单的“带孩子”或“教学生”。当然，能否吸引更多怀揣教育梦的优秀年轻人投身于此、扎根于此，能否将先进的学前教育理念让更多孩子受益，需要方方面面合力推动。

欣慰的是，在我周围，有这样一批年轻人正在一起为实现这个梦想而努力。我们把研发的“儿童关键期教学一体机”，免费赠送国内贫困地区的幼儿园，我们创立的“中国儿童关键期教育网”，免费为全中国的幼儿提供先进的儿童关键期教育。我希望，无论发达落后地区，无论富裕贫穷家庭，孩子们都能站在同一起跑线上，展开梦想旅程。

一个国家拥有先进的科学技术，将领先世界10年；拥有先进的管理制度，将领先世界20年；而一旦拥有先进的教育，将领先世界30年。强国必先强教，强教必先强幼教。人生起跑线上，承载着父母们对孩子的梦想，也承载着国家的未来。

（2013年4月18日《人民日报》）

曹家巷人的安居梦

▲徐　恒

我已经82岁，一辈子住在四川成都北一环路内侧的曹家巷。曹家巷历来很有名，这里有20世纪50年代成都市较早的一批三层红砖房。可是，几十年过去了，周围的高楼大厦起了一栋又一栋，这里的房子也和我一样渐渐步入老龄，摇摇欲坠的红砖房、公用的厨房和厕所、随处可见的露天排污渠……已经和现代都市生活搭不上边了。我们陋室蜗居，十分期盼拆危改造。对我们这些曹家巷的老居民来说，最大的中国梦就是安居梦。

那几年，曹家巷的街坊们四处奔走，找单位、找政府，希望实施整体改造。我也时常翻阅报纸、到处收集拆迁政策，成了“上访专业户”，为的就是早日住上好房子。我还曾经借着“虞美人”之韵写了一段文字：

“拆危太极何时了，方案知多少？危楼不堪遭邪风，往事不堪回首记心中。棚户危房依然在，企盼面貌改。敢问街坊几多愁，心想惠民拆迁付东流。”我知道，有能耐挣钱的人早就在外买房搬了出去，剩下的大多和我一样经济条件有限。一年又一年，对于住上好房子的希望，我们一直没有放弃。

忽如一夜春风来，2012年2月，成都市委宣布启动“北改”，曹家巷拆危改造终于列上了议事日程。让我们这些曹家巷的老住户为之兴奋。更让我高兴的是这次的拆迁跟想象的不太一样，政府探索实施民主拆迁。曹家巷一、二街坊的老住户选举成立了“危旧房（棚户区）居民自治改造委员会”，代表居民全程参与曹家巷改造。自改委员全是曹家巷的住户，他们清楚曹家巷的过去和现在，更加清楚自己想要什么样的新生活。我也得到了居民们的信任，担任了自改委的副主任。

这个副主任真的不好当，涉及自身利益的事情，亲兄弟也会打架，何况这里的住户家家都有自己的算盘，问题也是层出不穷。每天在一、二街坊里散个步，几小时也回不了家，居民会不断上前来咨询改造的事，要解释好了，还挺有成就感，但遇到有些不理解的住户，还要拿我开涮，说“徐大爷你已经八十好几了，干嘛劳心劳力做群众工作，等几年新房修好了，还不知道你住的上不”。他还真不明白，一把年纪的我为改造曹家巷费心尽力，不为别的，为的就是这追寻了半辈子的安居梦。

通过近一年的努力，曹家巷的拆迁安置方案不断优化，在原地返迁和货币终结的基础上又增加了异地安置，主要解决面积小但家庭人口多的住户的实际困难。我们这些自改委员心头清楚，我们争取到的每一分利益都是为片区居民和自己争取的，我们表决通过的方案至少能让绝大多数人满意。

2013年3月9日，曹家巷开始签订搬迁协议，有不少住户通宵排队，有的兴奋地说："盼望的这一天终于要来了，排个通宵也值得！"我老伴也排了4个多小时，签了协议按下手印。签约启动一个月，目前签约率已经超过了65%，是个好兆头，可是我也挺担心，假如得不到片区全体居民的支持，签约期内签约率不能达到100%，这个自治改造项目就得中止，我们的安居梦会不会再遇波折？

对我们来说，从忧居变宜居，就是天大的事。很高兴我经历了拆迁的变革和进步，没有强制拆迁，有了民主的拆迁自治。尽管现实中的实际困难错综复杂，尽管未来两个月的进展还无法断言，但我相信，政府和我们大伙儿最终能共同凝聚正能量，共筑我们曹家巷的安居梦！

（2013年4月25日《人民日报》）

大学精神承载家国梦

▲谌洪果

我在大学已工作12年。大学，承载着我作为一名教师最朴素的梦想——个体之梦和家国之梦。在我心中，大学是探索知识真理、塑造独立人格的地方，须以开放、理性、批判的姿态，对国家、民族面临的各种问题作出严肃回应；大学须保持某种距离感与纯粹性，成为人类文明进步的前沿阵地。在我心中，无论时代如何变迁、社会思潮如何激荡，大学都应是精神家园和一方净土。

在大学里，职称问题像一座难以绕过的高山，横亘在许多大学老师面前。作为其中一员，我深知职称评定的困境，目睹许多教师同行尤其是青年教师群体生存的艰辛。很多人在学术上非常有潜力，却因职称、课题和各种量化考核评价机制，命运发生了转变。有的人刚博士毕业不久就面临巨大压力，有的人怨天尤人郁郁不得志，也有人则干脆放弃学术理想。林林总总，都映照出大学精神的迷失。

2012年4月，某大学一位副教授因没评上教授职称，推打一名女评审，引发公众对高校职称评审状况的关注。紧接着，湖南爆出职称评委在宾馆“开房收钱”的丑闻，经查实，相关人员的评审资格被终止。这两起事件让我深受触动，开始反思现行职称评定制度存在的问题。

有感于评职称之难，以及职称对教学的干扰，我决定尝试甘做终身副教授，不再纠结于职称烦恼。自从作出这个决定之后，由于心思意念不再寄望于外在的成果奖项和既有评价标准，反而使自己获得了某种独立、轻松的状态。我去做自己喜欢的教学和科研，与年轻学生一起读书、平等交流，自己钟爱的教师生活愈加快乐。我并不是一个标新立异的人。只不过，相比于那些名誉、头衔及其附加的利益而言，我更愿意面对生命的真实，更珍惜作为一名教师的职业伦理。我为自己是大学教师而自豪，而我最恐惧的事情，莫过于作为一名教师，以不负责任的态度和不学无术的谎言，浪费了学生最宝贵的青春年华。

如果知识分子不再敬畏知识、无法以学术为业，假设教师不再热爱教学、关心学生，那么大学精神也将崩塌，后果不堪设想。如果缺乏对理想的坚守，我们将变得脆弱。说到底，我不参评教授的选择，只是个人的一种纠偏行动。我的选择不会影响、取代其他教师的选择，我也不否认规范的学术评价体系的必要性。但是，当这套标准催生了浮华的学术风气，助长了学术垃圾的生产，进而带来从业者的人格堕落，我们就必须有所反思和警醒。学术研究具有自身的价值和规律，不能仅仅成为实现其他目标的手段。兼容并包、思想自由，才是大学应有的本原面貌。如果大学缺乏独立思想和多元标准，丧失人文情怀和时代使命，那么在一定意义上，一个民族的自尊、自信和自强就失去了支撑的基础。

任何好制度设计，都必须认真对待在这个制度之下的个体命运。大学职称评定不是要不要改革的问题，而是该如何改革的问题，我们必须把目光转向对制度的探讨上来。我们可不可以找到一个更为科学、公正的办法，建立起更人性化的规则，最大限度地激发每个人的创新能力?

大学作为教育领地和文化场域，其价值具有超越利益得失、超越时空局限的恒久性。在我的中国梦里，建设一流大学当是民族复兴的重要环节。我相信，“你是什么，中国便是什么”。一个民族的梦想，其承载者，就是一个个具体的领域，一个个鲜活的生命。为了这种梦想，希望以职称评定制度改革为契机，更加尊重在不同道路上奔走的人们，努力为大学创造一种宽容尊重、良性互动的环境，使每个人都能绽放丰富多彩的活力。

（2013年5月3日《人民日报》）

青春应该去追梦

▲常国丽

梦想是一种超越现实的东西，做梦的感觉很美妙，但是追梦的过程往往充满着苦难。青年人应该不怕失败、不畏艰险，绝不能因为困难放弃追梦。

中国梦是民族振兴的梦，而装备制造业是工业强盛乃至民族振兴的脊梁，装备制造业气力不足，难言工业强国，难以实业报国。长久以来，我国装备制造业的关键技术、关键部件受制于国外企业，隐痛困扰多年，不除不足以兴邦强国。

为了实业报国的中国梦，我和我的同事把青春挥洒在了艰苦的工作现场。潍柴动力公司作为专注于发动机制造的中国企业，为了助力民族品牌占领世界装备制造业高地，在2005年率先成立“三高”试验队。“三高”

试验是为了保证每一款发动机都能满足高温、高原和高寒的苛刻使用环境而进行的试验。试验队的首批主力就是我们一群“80后”的青年职工，大多是独生子女，平均年龄只有27岁，学历高却没怎么吃过苦，干劲足但面临的困难也很大。

因为工作条件艰苦，不仅无法照顾家人，还要时常向家人撒谎说外出是去新疆西藏“玩”一圈。可是毕竟纸包不住火，时间久了，家人还是知道了真相。但是，既已爱上发动机试车工作，就要忠诚梦想、忠于职责。追梦路上艰苦环境的磨炼，让我渐渐懂得，实现梦想，是一条漫长的奋斗征程，需要知识和智慧，更需要付出汗水甚至生命。

夏天，要登上新疆火焰山，顶着50多度的高温工作，身上的皮晒脱一层又一层；秋天，要爬上海拔近5000米的青藏高原，常常被高原反应折磨得茶饭不思；冬天，要跋涉在零下40多度的黑河，手上脸上满是冻疮。在外工作的时间比陪家人的时间要长得多，风餐露宿是家常便饭，与荒野大漠为伴、与试验车同行是日常写照，有时还要克服强沙尘暴等极端天气的严峻挑战，面对地震和泥石流的生死威胁。可以说，发动机的每一次极限环境试验，都是“三高”试验队队员的一次生命极限考验。

然而，非但没有人退缩，为测试发动机的耐高温性能，即便衣服湿透、皮肤脱皮，队员们却希望天气再热、温度再高一些；为测试发动机的耐高寒、耐低温性能，即便手脸长满冻疮，队员们却希望向更高的海拔前进，向更冷地区深入。与候鸟逆向而行的生活，队员们却勇敢地坚持了下来，不为别的，只为给“强国梦”添注奔腾动力。

8年时间、2000多个日日夜夜，8大系列120个国产发动机试验、上万组数据，“三高”试验队这支年轻的队伍，踏遍了茫茫戈壁、巍巍昆仑、凛凛冰河，为国产发动机绽放青春年华，为自主品牌注入金字品质。有了这些极限试验基础，我们可以自豪地说，潍柴发动机各项技术指标，完全能和国外先进企业的柴油发动机一比高低。

陈独秀在开办《新青年》时曾写道：“青年如初春，如朝日，如百卉之萌动，如利刃之新发于硎，人生最可宝贵之时期也。青年之于社会，犹新鲜活泼细胞之在人身。”青年就该有青年的样子，有青年的活法。社会也应该呵护敢于追梦的青年，给他们包容和鼓励，给他们托底和支持，减少青年试错成本。

习近平总书记说得好：人的一生只有一次青春。现在，青春是用来奋斗的；将来，青春是用来回忆的。我深深体会到，青春应该去追梦。青年人要珍视岗位，忠诚守责，把个人奋斗融入一个民族的伟大抱负，融入一个国家的战略发展，个人奋斗才有更深刻的价值和意义，才有更坚实的基础、更广阔的平台、更美好的前景。

（2013年5月6日《人民日报》）

惟经奋斗方可梦想成真

▲方润华

人类因梦想而伟大。现实社会中发明家们大都是梦想家。假如没有梦想，卫星就上不了天、潜艇就下不了海。正如居里夫人所说“首先有一个美丽的梦想，然后把它变为现实”。中国人是深富想象力之民族，自古已有“千里眼、顺风耳”，甚至“嫦娥奔月”之梦想，如今都一一美梦成真，神话可以变为现实，梦想确能创造奇迹，勇于追梦是人类社会前进的推动力。

不过，这世上有梦想不难，难的是如何把它变为现实。梦想总是美好的，但现实常是无情的，无论“天时、地利、人和”，都未必能尽如人意。我年近九秩，然而青少年时期的梦想仍铭记于心。少年之梦是学有所成，将来从事医疗之职，悬壶济世、助人为乐。

然而，日军侵华战争炮火中断了我的求学之路，从医梦碎，17岁被迫辍学挑起家庭重担。为生计，由小生意做起，所幸商场奋斗数十年，事业小成，有能力回馈社会，每年抽取公司10%以上利润，捐款在祖国各地兴教助学、扶贫济困。近年通过捐建乡镇卫生院及资助大学医学研究等善工，争取同胞健康，尽力造福人类。每当看到受惠者之笑容，欣慰之余，深感圆了少年梦。

现在，大家都在热议中国梦，与一度风靡全球的“美国梦”不同，中国梦是民族复兴的伟大梦想。遥望我们祖先辉煌璀璨的文明历史，再看近代积弱挨打的斑斑血泪史，复兴之梦早已深藏海内外华人心中。

作为亲历日军欺凌、饱受战争苦难的老人，能目睹新时代的中国在世界崛起，民族自豪之情难以言表。改革开放的成功证明了中国人有智慧、有能力走自己的道路，开创我们的光明前程。

当习近平主席明确提出中国梦的目标与步骤，复兴之梦已不是空中楼阁，它点燃人们心中希望，召唤大家共同奋斗。我冀望有生之年能看到第一阶段中国梦——全面建成小康社会早日实现。

习近平主席说得好：“有梦想，有机会，有奋斗，一切美好的东西都能够创造出来。”如今，梦想与机会都有了，最重要的还是奋斗与实干。“不积跬步，无以至千里；不积小流，无以成江海”，梦想若是脱离行动，无论多么美好，最终也是异想天开。梦想的实现从来不是一蹴而就，更何况，中国正面临全球竞逐之严峻局面，国际形势波谲云诡，国内发展任重道远，前进道路荆棘丛生，复兴之梦实现有期。

仰望星空，梦想总是可望而不可即，只有脚踏实地，才能一步步向目标靠近。“空谈误国，实干兴邦”，既是古训诤言，也是实现中国梦的不二法门，梦想，永远只能在奋斗中成真。

中国梦，既是国家梦、民族梦，也承载着普罗大众的温饱梦、富裕梦、宜居梦、公平梦……13亿人一起努力奋斗，凝聚成泱泱大国之强劲实力，梦想成真指日可待！

（2013年5月7日《人民日报》）

在北川传递希望和梦想

▲沈　倩

2013年5月12日，是汶川特大地震5周年，也是我回到家乡北川工作的第二年，又是母亲节。早上参加完周年公祭，看到同学在微博、微信上发的“我亲爱的母亲，您在那边还好吗？”我的思绪一下子回到了5年前那个悲痛而又充满民族大爱的时刻。那是一段让我经受了心灵洗礼的时日，也让我把我的梦想和家乡联系在了一起。

2008年，我是北川中学高三学生，当时我亲眼看到一位山东叔叔急匆匆地找学校负责人，说他把家里的粮食卖了，拉了一些物资要捐给我们，还想资助两名孤儿直到大学毕业。还有一位新疆来的阿姨找了我们3天，就是为了把一些药品送给我们。这些看似简单的事情，足以让我们坚定信心，让我们觉得，一个伟大的祖国，一个坚强的民族，一个团结的集体在支持着我们。

经历了那场灾难，在参加了延迟的高考后，当8月8日那天我接到中国传媒大学的录取消息时，我就对自己作出一个承诺：走出去，我还要回到北川。那一天，北京奥运会开幕，中国世纪梦圆。那一天，我的人生中也拥有了一个梦想。

是的，我想回到家乡，参与家乡的重建，见证家乡的变化。这是我回报社会以及爱心人士厚爱的一种方式。作为一名北川人，一名北川的大学生，当我从废墟中出来，就意味着获得了第二次生命。生命的意义是什么，生命的价值是什么？生命不就在于活得有意义、有尊严、有爱、有社会责任感吗？

离开家乡去北京上学的前一天，父亲邀请了亲朋好友，在板房区举行了一场欢送我的“坝坝宴”，那是我震后第一次看到父母灿烂的笑容。那个时候，家乡人都在盼着重建家园，父亲举起杯来，对亲朋好友说，“日子有盼头了”。我的父亲是一名地道的农民，又是一位民族感情特别强的人。他对我说，“做一个对国家、对社会有用的人，山高路远我都支持你。你不用报答爸爸，我养育你，就是希望你对社会而不是对我有贡献。”

也正是从那时起，我就暗下决心，毕业后要用专业知识投入家乡重建，报道自己的家乡，见证北川的巨变，记录北川的新生。这是我的生命意义，我的理想梦想。

两年来，家乡的变化让我刮目相看，不仅仅是“重建”，更是跨越式新建。在擂鼓镇的猫儿石村，老乡们利用自家不足30平方米的农房饲养大鲵，一年有20万元左右的收入，如今发展成了大鲵繁殖基地。北川各乡镇建立万亩核桃基地、猕猴桃基地、冬桃基地、茶叶基地等，成立了合作社，饲养白山羊、奶牛，林下养殖野鸡，村村通道路，户户通水泥路，群众发展产业方便快捷。羌族妇女可以居家就业，发展羌族传统工艺，足不出户就月收千元。

生我、养我的北川热土给了我生命和希望，给了我坚强和梦想。我见证了它重生后的美丽、富饶、繁荣。一座因大爱崛起的城市，汇聚的是一个民族的爱心和信心，能够亲身参与、见证、报道这一切，我深信自己的选择。尽管，采访中也会碰到一些负面的事情，社会上还存在丑陋的东西，但我相信至美大爱的力量。再过十年、几十年，我将拿着自己的报道，对孩子讲这里曾经的故事，告诉他们有爱就有希望，我们要传递希望和梦想，民族的梦就是我们的梦！

北川，更美好，我的家乡人，更美好！

（2013年5月13日《人民日报》）

让“乡土中国梦”从地里破土

▲赵亚夫

我亲历过曾经席卷农村的饥馑和贫穷，也见证着农业发展的铿锵足迹。全面小康，农民是难点；美丽中国，农业是重点。从付诸一生的上下求索中，我深切感受到，“小康不小康，关键看老乡”，农业既有大有可为的空间，也面临着发展中的烦恼。

1958年，我从江苏常州中学毕业，一心想报考复旦大学新闻专业，后来阴差阳错转到了宜兴农林学院的农学专业。那时我觉得面子上不光彩，校徽别得斜一点，把“宜兴农林”几个字插在口袋里，只露出“学院”两个字。然而，正是在农学专业的学习期间，我从一个不情不愿的学生，到立志“为农民服务到老”。

改革开放之初，镇江拉开了工业大发展的序幕，很多农民离开生于斯、长于斯的土地到城里打工谋生，一些农村土地荒芜、人口流失。我曾经问过农民工，为什么宁愿背井离乡、舍家弃子也不愿重返故土？回答是，种地不值当，没有打工挣得多。这让我思考，要充实农村、发展农业，必须重建农民对土地的信心，让农民从土地里刨出比打工更高的收入。

重建农民对土地的信心，何尝不是中国大多数农村发展面临的问题？为了证明种地同样能够致富，我选择到镇江最穷的句容县农村推广有机农业。记得第一次到村里培训有机草莓种植，村民们将信将疑，不少人以为我是推销化肥农药的。让祖祖辈辈种水稻小麦的农民改种草莓，难度可想而知。我想，应该让农民眼见为实，实实在在地“做给农民看，带着农民干”。

几年下来，示范园粗具规模，南京城出现了句容草莓，句容农民走街串巷、提篮小卖，涌现了一大批种草莓的万元户。种植草莓致富之后，我们又相继引进水蜜桃、葡萄、无花果以及蔬菜等项目，在城里务工的农民看到土地里刨出了高收入，也纷纷回乡创业、承包经营。

进入新的发展时期，单门独户的小打小闹已经不能适应城乡一体化的市场潮流，我们开始探索成立农业生产合作社帮着农民销，形成了开拓市场在先、扩大规模在后的思路。科技人员、村级组织、农民群众“三位一体”，合作社负责技术支持、产品销售、对接市场，进一步降低了种植风险，把产业链向加工、销售延伸，推动农业向现代化迈进。

时至今日，我已是古稀之年，在句容累计推广180万亩次的高效作物种植，帮助成立10多家示范合作社，惠及20多万农户。然而，放眼未来，仍然难言轻松。与城市对接、同市场共生，仍是合作社的当务之急，尽管我们竭尽全力进行网络营销，争取“农超对接”，但是每年烂在地里的农产品仍然占到30%。归根结底，还是缺乏人才。2006年至今，村里一共来了8位大学生村官，做了很多工作、帮了很大的忙，但已经走了3个，“下得来、留不住”，人才匮乏让人着急。而要吸引人才到农村扎根，不能仅仅靠个人觉悟，还应从体制机制层面给予政策优惠，让知识精英看到在农村同样能够人生出彩，让城市更多地反哺农村，才能形成农村发展的合力。

为农民服务，说高一点，是我的人生目标；说平一点，是我的兴趣爱好。如今，我已满头华发，仍然深爱农民、农村、农业。我也知道，农村天地广阔、农业大有可为，需要千百万人共同努力，需要我们一起来浇灌升级版的“乡土中国梦”。

（2013年5月16日《人民日报》）

“我们一起为了梦想站在新世纪”

——访马达加斯加中国和平统一促进会副会长陈兆昌

▲何险峰

“我第一次在电视上看到习近平总书记谈中国梦时，流泪了。我70多岁了，第一次切实感觉到自己和祖国最高层血脉相连、心心相通，一起为了梦想站在新世纪。”75岁的马达加斯加老华侨陈兆昌这样告诉记者。

陈兆昌1938年11月出生，1949年7月跟着父母和哥哥坐轮船离开家乡广东顺德，在海上漂泊一个多月后来到马达加斯加。

“我爸爸在抗战时来到马达加斯加，是第一批大规模赴马华侨中的一员。当时，日本入侵，战乱不断，我们在家乡没东西吃，没地方住，家园破碎，根本谈不上什么梦想。也是在这种背景下，我们来到马达加斯加讨生计。1949年，父亲已经在马达加斯加打下一片基业，于是把全家都接到马达加斯加团圆。”陈兆昌回忆说。

经过三代人奋斗，陈兆昌已成为马达加斯加6万多华人的杰出代表，担任马达加斯加顺德联谊会会长、马达加斯加中国和平统一促进会副会长。德高望重的他，被马达加斯加华侨华人亲切地称为“昌叔”。

头发花白的陈兆昌拄着拐杖领记者参观他的家。庭院深深、曲径通幽、别有洞天，屏风、楹联、盆景、假山、亭台、花池……处处可见中国传统文化元素，一派中国风格。记者很难想象自己这是身处远离祖国的印度洋岛屿马达加斯加。

陈兆昌每天早上7点准时收看《新闻30分》，每天晚上10点收看《新闻联播》，上午还让小孙子从网站上找中国的重要新闻念给他听。陈兆昌说：“我年纪越来越大，思乡之情也越来越浓，每天看新闻，才可以让我感觉距离家乡不是那么远。”

“小时候，台湾在马达加斯加的影响力很大，我们这些来自大陆的小孩经常和台湾小孩为了中国在哪里而争论。1972年，中国与马达加斯加建交后，台湾人渐渐少了，关于中国的争论也没有了，马达加斯加人基本都接受中国就是中华人民共和国，台湾只是中国的一部分。”陈兆昌告诉记者。

现在，陈兆昌老人一年回两次国。“1967年我旅游结婚第一次回国，那时候中国很穷，连北京街头都很难买到东西，我们很震惊也很心痛，祖国虽然脱离了半殖民地，但仍然不够强大。1973年我再次回国时，情况就有些不一样了，我的姐姐在顺德乡下分到了地，也有了房子，一家人解决了温饱问题。中国也加入了联合国，在国际上的影响越来越大。”

1973年，30多名中国工人来到马达加斯加修建第一条中国政府无偿援建的公路。“我第一次体会到作为中国人在马达加斯加的自豪感。”陈兆昌老人回忆说。

在这种情况下，陈兆昌感到有必要宣传中国，让外国人了解一个开始强大的中国。当时马达加斯加没有中国报纸，陈兆昌就在首都塔那那利佛开办中国国际书店。“当时我们的口号是‘了解中国，请看中国书刊’，当时书店能卖出30多份法文版的中国报纸，40多份法文版的《毛主席语录》。”

20世纪80年代，在改革开放影响下，陈兆昌开始每年定期组建一支回国观光团，组织知名华侨华人和马达加斯加官员到中国参观。“当时，马达加斯加人亲美，不了解中国。一个在美国工作了十几年的马达加斯加朋友到中国参观后向我感慨道：在中国听到的、看到的与美国人说的完全不一样，中国人民很幸福，中国也很民主，相信中国很快就会变得富强起来。”

每年带回国观光团，陈兆昌都深切感受到中国变化之快。“中国经济每年都保持高速增长，不仅外国朋友惊讶，我们自豪的同时也很惊讶。北京、上海、广州与其他地方的国际大都市没什么差别。外国人几百年做到的，我们用很短的时间就做到了。”

陈兆昌说：“改革开放给中国找到了正确的道路，我们应该坚定不移地走下去，绝不能盲目向西方学习，只有这样，我们才有实现中国梦的根基。”

“回顾自己这一生，我从来没有像现在这样自豪，从来没有像现在这样有急迫的实现民族复兴的愿望。目前，我个人的愿望基本实现了。习近平总书记说‘空谈误国，实干兴邦’，我虽然老了，也要以广州人‘实干闯未来’的精神，为中国梦的早日实现贡献力量。”

陈兆昌表示，作为一个海外老华侨，他将进一步发挥民间人士的作用，推动中马友谊发展。

（新华社塔那那利佛2013年2月20日电）

不仅是梦想，更是行动指南

——加拿大多伦多华侨华人畅谈中国梦

▲马　丹

记者近日采访了加拿大多伦多老中青华侨华人代表，他们对中国梦满怀憧憬，期待在这个“朴素、亲民的行动指南”指引下，不仅早日实现民族复兴，而且老百姓也有机会实现个人价值和梦想。他们还结合各自经历，就如何实现中国梦提出建议。

中国梦三个字朴素而富有想象力

陈丙丁移民加拿大45年，曾是第十一届全国政协海外代表，现担任全加华人联会荣誉执行主席、中国侨联顾问等工作。他觉得中国梦这三个字“朴素而富有想象力”，形象地表达了近代以来仁人志士对振兴中华、实现民族复兴的追求和梦想，也凝聚了海内外十几亿华人的愿望。“中国梦不仅是梦想，更是行动指南”。

陈丙丁认为，现在提出中国梦有着坚实的基础，从新中国成立到改革开放，再到追求中国梦，体现了历史性的连贯，是中华民族发展的潮流，这个潮流势不可当，中国梦一定会实现。

他理解中国梦的内涵包括两个方面：一是在物质文明和精神文明方面，对世界文明进步做出史无前例的贡献；二是实现国强民富，即增强国家的经济、国防、科技等各方面实力，同时提高全体民众的生活水平，达到建成全面小康社会的目标。

多伦多大学医学生物物理系博士生、中国学生学者联谊会理事会主席吴刚说，他很喜欢中国梦这三个字，中国梦令海外游子倍感亲切和振奋。

发展成就斐然　仍面临诸多挑战

虽然远离中国，但多伦多华侨华人依然深刻感受到中国近些年的发展成就。

新移民代表王勇于20世纪90年代初到加拿大留学，现为加拿大皇家银行集团企业模型风险管理部总经理、加中金融协会会长、中国侨联特聘专家。虽然已在加拿大扎根立足，有了良好的发展，但王勇时常向国内的朋友感慨，自己错过了过去20年中国腾飞带来的机遇，十分遗憾。

陈丙丁曾经领导加拿大华人社区反对“人头税”和排华法案，促成2006年加拿大政府正式向华人道歉。陈丙丁说，这种转变与中国实力的增长有关，加拿大政府意识到善待华人有利于促进中加关系。

谈及中国实现民族复兴梦想的前景，陈丙丁说，我们目前拥有的优势包括雄厚的经济实力和基础设施、训练有素的劳动力、和平稳定有序的国内环境以及强有力的中央政府。王勇认为，我们最关键的优势在于拥有大量高素质人才。

王勇和陈丙丁不约而同地提到加强精神文明建设的问题。陈丙丁建议，加强公民教育、道德教育、信仰教育。

吴刚希望国家更加重视环保，切实改变目前环境污染状况。

发挥好华侨华人作用

在加华侨华人认为，中加经济互补性强，加拿大华人可以尽自己努力影响当地舆论，促成有利于双边合作的政策。同时，海外华侨华人还可在协助中资企业“走出去”、帮助国内做好人才培训、加强人才制度建设等方面做一些工作。

陈丙丁说，作为全加华人联会荣誉执行主席，他将在有生之年继续利用他的声望致力于华人社区工作，为促进加中友好关系做出贡献。他的团队10多年来为国家多个部委和各级政府机构提供中短期培训，涉及司法、高等教育管理、企业管理、政务公开化、公务员制度等方面，今后他将继续帮助国内学习加拿大的先进经验。

由王勇担任会长的加中金融协会聚拢了一批当地的华人金融业精英。无论是国内同仁访问加拿大还是回中国，王勇都尽力向国内同行介绍西方的经验。王勇说，今后他将通过协会把更多先进理论和管理经验介绍到国内。

（新华社多伦多2013年2月21日电）

见证祖国强盛之路

▲周　檬　余谦梁　徐　然　王　帆

记者在印尼、德国、巴西采访了解到，习近平总书记关于中国梦的阐述在当地华侨华人中引起强烈共鸣，一些华商感触尤为深刻，他们在海外从商过程中亲身体验了中国商品从“价廉”到“质优”的艰难蜕变之路，也感受到外国政府和企业对中国市场及投资日益依赖和重视。

“印尼95%的电站用的都是中国设备”

毕业于厦门大学的商家轩20世纪90年代初来到印尼打拼，主业是电站工程建设和钢材贸易。对于祖国的迅猛发展，商家轩在做生意的经历中深有体会。

商家轩告诉记者，1995年，他到印尼推销天津产的无缝钢管，石油公司的采购经理一听是中国产的立刻回绝，表示他们只用日本住友公司生产的世界最好的无缝钢管，“而现在他们70%的无缝钢管都用中国产的”。

“20年前，你白送电站设备给印尼，对方都不一定要。现在印尼95%的电站用的都是中国设备。”商家轩说，“在印尼电力行业，其他国家现在很难跟中国竞争。”

商家轩每年回国一两趟，他说“每年都会看到不一样的变化”。有一次，他带着客户去内蒙古参观电站，一位印尼发电公司的总裁一出机场看到内蒙古的高速公路非常惊讶。

“中国市场重要地位成就我的事业”

身在德国的孟宙在10多年的从商生涯中也体会到中国在全球市场中的分量与日俱增。孟宙1988年赴德国留学，之后在德国科隆市成立公司从事中德经贸文化交流的咨询业务。

由于从事两国文化交流，孟宙频繁往来于中德之间。在她看来，中国改革开放30多年的经济发展为中国梦的实现奠定了坚实的物质基础。“没有梦想就会失去奋斗目标，个人如此，一个民族也是如此。在新形势下，习近平总书记提出实现中国梦，是给海内外的中华儿女指明了奋斗方向。”

2008年，时任科隆市长任命孟宙为“科隆经济大使”。孟宙说：“这在过去是不敢想象的。科隆政府对我的器重，恰恰说明了中国市场的重要和中国的强大。祖国的强盛对我们每个人的发展影响太大了。”

科隆市政府2005年发起“中国攻势”项目，孟宙被聘为中国事务顾问，通过一系列精心组织的活动成功地将科隆的招商优惠政策和发展优势介绍给中国企业家们。项目结束后，科隆所在的北威州对华贸易金额迅速提升，包括华为、三一重工等中国大型企业纷纷在此落户。

科隆市长罗特斯2010年率领庞大的经济和文化代表团参加上海世博会。在官方活动之余，孟宙特意给市长安排了一次“微服私访”，一大早在黄浦江边进行10公里长跑，然后挤地铁、钻里弄、与“的哥”闲聊。

罗特斯事后对记者说，这些深入鲜活的体验打破了他许多先入为主关于中国的印象，他说只有亲身体验才能真正认识一个国家。他决心大力推进科隆各界与中国的交流，让更多德国人了解中国这个遥远的国度。

孟宙说，德国媒体对中国的报道比较片面，很多德国民众对中国的印象就停留在媒体报道的层面。破除这种先入为主的负面印象非一朝一夕之功，面对面的接触和交流无疑是见效最快的办法。

2012年是科隆的“中国年”，科隆共举办了150多场关于中国的演出、展览等活动，反响十分热烈。罗特斯说，“这些活动让科隆人认识了中国，让中国人成为科隆的朋友”。

“中国小商品在巴西走上品牌之路”

里约热内卢著名华商、侨领尹楚平对中国梦感触颇深。他说：“当我第一次听习近平总书记说起中国梦，觉得真是说出了我们海外华人的心里话。这是对中华民族共同追求的高度概括。”

尹楚平1963年出生于浙江青田，22岁开始只身闯荡巴西。他在巴西以小商品零售起家，在20世纪90年代创办自己的进出口公司，主营国际日用品贸易。在事业稳步发展的同时，尹楚平投身侨团工作，逐步成为里约热内卢当地知名侨领，现任巴西中国和平统一促进会会长。

作为早年“走出去”闯荡的一代人，尹楚平对祖国发生的巨大变迁感受尤其深刻。他说，1985年他一句外语不懂就独自来到巴西。几乎所有当地人都把他当成日本人，因为那个年代在巴西没几个人知道中国。“现在祖国发展振兴了，在海外的影响力大大提高，中国人在外也有了底气。”

尹楚平至今还记得在海外漂泊9年后第一次回国，

抵达北京机场再次听到熟悉的普通话时，那种油然而生的亲切感令他终生难忘。“祖国就是祖国，这是永远变不了的。”

改革开放初期来到巴西的那一代中国人，大多以经营小商品和餐饮起家，不仅与高端产业无缘，而且价格低廉的中国产小商品常常面临有关质量问题和侵犯知识产权的官司。

尹楚平说，在他从事的跨国日用品贸易行业，如今基本形成“质量是生命、自有品牌是出路”的共识。大家摒弃了“做一锤子买卖”的短视行为，从源头抓产品质量、杜绝冒牌和伪劣产品。在这些年的不懈努力下，巴西当地消费者对中国商品的印象已经有所改观。他说：“海外华侨华人做好分内之事，多争光、少抹黑，就是实现中国梦最基本的要求。”

（新华社2013年2月22日电）

共同的愿景和追求

▲黎　藜　明大军

泰国华侨华人数量多、影响大、社会地位高，是当地精英阶层的重要组成部分，泰国侨界堪称促进中泰两国交流合作的“主力军”。习近平总书记阐述的中国梦在泰国华人社会引起广泛共鸣，各界人士从不同角度解读中国梦的深刻内涵，抒发对中华民族伟大复兴的殷切期盼。

侨界：愿为实现中国梦添砖加瓦

走进泰国中华总商会主席刘锦庭的办公室，整个屋子装饰尽显古朴雅致的中国风格，墙上挂满了记录中泰友好交往的历史图片和画作。虽然年近八旬，刘锦庭依然保持每天晚上10点收看中国新闻的习惯，跟踪国内时事动态。

刘锦庭说，泰国华侨华人密切关注着十八大后中国的经济、政治新动向。习近平总书记有关中国梦的论述让海外侨胞们深受触动。“中华民族的伟大复兴是数代中国人共同的愿景和追求，是一个大国之梦、强国之梦。这一点，数千万的海外华侨华人体会最深，愿意为中国梦的早日实现添砖加瓦。”

作为东南亚最具影响力的华人团体之一，泰国中华总商会为加强泰中经贸合做出了突出贡献。

刘锦庭说，随着早期从中国移居泰国的侨胞逐渐老去，泰国的华侨华人已经进入第二代、第三代，增强海外华侨华人归属感、凝聚力非常必要。他建议中国政府多给华侨华人回国参观访问的机会，还可以在华侨华人比较聚集的地方开展传统文化活动，宣传中国文化，激发老一辈人的乡情，增加年轻一辈的认知和归属感。

媒体人：希望和祖国同胞共圆中国梦

《亚洲日报》副社长钱丰30多年前从上海来到泰国投身报业，发表专栏文章针砭时弊、笔锋犀利，堪称泰国华人社会的一杆“金笔”。

虽然侨居泰国多年，钱丰言谈之间仍流露出浓浓赤子之情。在习近平总书记首次提到中国梦的第二天，钱丰的社论《长风破浪会有时，直挂云帆济沧海》便出现在《亚洲日报》头版。

与记者再次谈到中国梦，钱丰显得颇为激动。他说，中华民族的伟大复兴，意义深刻、内涵丰富，让全世界华人都为之触动，因为这是一个他们经历上百年、一代代人不断延续下来的共同梦想。数百年来，海外华人最关心的就是祖国的前途和命运。神州大地稍有变革，海外中华儿女立即闻风而动、全力以赴，希望和国内同胞共圆中国梦。

钱丰认为，中国梦正一步步得到实现。过去，由于中国落后，华侨华人在泰国备受欺辱；如今，随着中国的强大，泰各届政府都与中国保持友好亲密的关系，“中泰一家亲”的观念深入人心，不少政治家以华人后裔身份为荣。

海外志愿者：把个人理想融入中国梦

在泰国，还有一个庞大的中国人群体，大学刚毕业就远赴海外。他们传播中华文明，学习泰国文化，承载着中华语言文化走向世界的重要历史使命，这就是汉语教师志愿者队伍。

泰国是最早也是接受中国汉语教师志愿者人数最多的国家。自2003年至今，国家汉办先后派遣11批7000多名志愿者来泰任教。

泰国法政大学孔子学院志愿者谭晓祎2008年从山东大学对外汉语专业毕业后，主动申请来泰国任教一年，卸任后回国读研，后再次申请来到泰国。如今，这个说着一口流利泰语、讲话富有亲和力和感染力的山东女孩成为校园里最受欢迎的志愿者老师之一，她的每一堂课几乎都爆满。

当被问及为何在研究生毕业后不另谋高就而是继续来到泰国时，她说：在海外做志愿者能给人一种成就感，因为个人的梦想与中国梦结合在一起；身在海外，对祖国的认同感更加强烈，“别人都说出国后会更爱国，这一点也不假。”

对于中国国际影响力的提高，谭晓祎深有感触。她回忆说，自己第一次来泰国时被分配到一所比较偏远的农村小学，北京奥运会开幕那天，小学校长邀请她来家里一起看开幕式，当电视机里中国国歌奏响时，校长全家人不约而同地站了起来。“这一幕让我深受感动，只要祖国强大了，全世界都会为之喝彩。”

北京大学泰国研究所原所长傅增有担任泰国朱拉隆功大学孔子学院中方院长已经整整5年。他说：“年轻的汉语教师志愿者们把个人理想融入中国梦中，希望祖国能给予他们更多关爱。”

（新华社曼谷2013年2月25日电）

实现民族复兴的正确道路

▲孙 浩 刘 莉

习近平总书记关于实现中华民族伟大复兴的中国梦的讲话，引起海外华侨华人的极大关注。他们纷纷就中国梦的含义、实现途径、需要重视的问题建言献策。

美国华盛顿地区中国和平统一促进会会长吴惠秋日前在接受记者专访时说，“中国梦是海内外华人对强国富民的百年夙愿”。他认为，对海外华侨华人来说，中国梦可以从四个方面来理解。

第一，中国梦首先是“强国梦”，“强”不仅是经济实力的强大，更是综合实力的强大。第二，强国必须与富民紧密联系，没有人民的富足和幸福，强国之路就不算真正抵达成功彼岸。第三，实现中国梦需要两岸同胞共同努力，海峡两岸可携手推动实现这一民族理想。第四，中国梦不仅属于中国，也应对世界有所贡献。源于中国传统哲学土壤“富强不称霸”的理念，旨在实现互利共赢、共同发展，强大的中国对世界和平有积极意义。

秘鲁知名华裔学者吴剑在接受记者采访时表示，实现中国梦不仅仅意味着在经济、政治上变得强大，更要成为“文化强国”。所谓文化强国，至少有两个标准：一是文化的影响力，二是文化的创造力。

美国纽约大学国际政治学终身教授熊玠认为，“振兴”是“复兴”的前提和基础，中国共产党从“振兴”的目标开始，在邓小平改革开放政策的引导下，以经济建设为中心，建设富强、民主、文明、和谐的社会，取得举世瞩目的成果，经济崛起，国力上升。在此基础上，中华民族找到了实现民族“复兴”的正确道路。

熊玠说，经过鸦片战争以来170多年的持续奋斗，中华民族伟大复兴展现出光明前景。现在，中国比历史上任何时期都更接近民族伟大复兴的目标。习近平总书记在这个时候提出中国梦，一方面说明这个话题更具有现实基础，另一方面也显示了中国共产党有信心、有能力领导中国人民实现这个伟大目标。

熊玠提出了“地缘经济时代”的观点。他说，21世纪之前是“地缘政治时代”，国家之间的较量体现在意识形态、地理位置、领土等方面，但今后的竞争将更多地集中在自然资源、市场、劳动力资源等领域，一国对国际金融和国际经济的控制力决定着该国的国家竞争力。用这些标准衡量，就美国、中国、日本等国比较而言，中国无疑具备更大的发展潜力。熊玠认为，中国在实现中国梦的征途中，要“自信”不要“自负”，要妥善处理国际关系和同周边国家的关系。

美国布鲁金斯学会约翰·桑顿中国中心研究主任李成在接受记者专访时说，中国中产阶层不断发展壮大，中国梦可以与这一发展趋势相结合，包含更全面更具体的内容。

李成认为，从美国人追求“美国梦”的历史实践看，中产阶层对个人财富及成功的追求，始终是社会发展的持续动力来源。调整社会收入分配结构，鼓励中产阶层壮大发展，可以为经济状况的不断改善提供充足的动力。除了期望国家富裕及个人经济基础不断稳固之外，中产阶层还关注人格尊严、机会平等、公共健康、环境保护、民主、法制以及国际事务中的和平策略等“软实力”内容。

他说，中国梦的提出和实践逐渐为外部世界所接受。中华文化一些积极、包容的理念在全世界都能引起共鸣。中国梦的理念应将这些文化理念包含其中，对外也可参照“世界语言”提出明确概念。

（新华社2013年2月27日电）

矢志追寻中国梦

——访英国皇家医学院院士高武图

▲白　阳

在英国的华人圈里，提起曾经多次让同胞“起死回生”的妙手神医高武图，啧啧称赞声总是不绝于耳。11年前，凤凰卫视一位年轻女主播在伦敦遭遇严重交通事故导致颅部硬膜外血肿，生命垂危的她在接受手术后被英国医生判断为“没救了”，但在中国外交部的协调下，高武图和闻讯赶到英国的中国专家却没有放弃，不断尝试各种方法后最终成功挽救其生命。无独有偶，7年前，一名年轻的中国留英学生由于车祸导致颅内粉碎性骨折，同样在手术后被英国医生判断为“没有希望”，而高武图在紧急时刻果断相助，让病人脱离危险期并得以回国继续治疗。“总是想为祖国、为同胞多做些力所能及的事情。”提及这些，高武图只是淡淡地说。

高武图是英国皇家医学院院士，著名的神经外科专家。国际神经外科领域“杰出手术奖”、“杰出论文奖”，在菲律宾工作时获得的“菲律宾杰出院长奖”，都肯定了其在医学领域的贡献，“中国脑外科医学特殊贡献人物”、“华人之星”等称号更是不胜枚举。多年来，荣誉满身的高武图一直心系祖国，积极推动祖国医学事业的发展。2002年，他与中国国内著名神经外科专家王忠诚等人组织成立了“世界华人神经外科协会”，每两年举办一次“世界华人神经外科学术大会”，为海内外的华人神经外科专家分享新的研究成果、加强联系和交流提供有效平台；2005年，在高武图的推动下，旨在服务英国华人的“英华医学会”得以成立，为加强英中之间的合作交流、提高英中医学界的合作水平迈出了新步伐。

高武图还设想在国内大城市开办综合性的国际医疗城，并为之奔走运作。“我希望能够在内地选址建造一座拥有800个床位的大型综合医院，成为当地的医疗中心、急救中心、康复中心、健康体检中心。同时，引进国际尖端医疗科技人才，建设国际一流水平、集医疗、教学、科研为一体的综合性国际医疗城。”

鲜花和赞美尽收眼底，71岁的高武图却总会想起自己难以释怀的陈年往事。他告诉记者，20世纪70年代他在伦敦皇家医院工作时，来自中国的医生非常少见。虽然那时他还不是主治医生，但已经具备为病人手术的资质。有一次，他负责给一位年轻英国小伙子开刀。手术开始前，病人躺在手术台上，他则在旁边指挥麻醉师、护士长及两位年轻医生就位。

高武图回忆道："当时那个小伙子看到我在指挥手术室中的其他人员，就担心地问护士长是不是我主刀。得到确认后，他'腾'地坐起来就说'不行不行'，必须要由英国医生主刀，并立刻要求护士长打电话给当时的神经外科教授，希望由他手术。电话接通后，教授说有事来不了，并告诉病人，如果愿意的话，可以让手术室另外两个年轻英国医生主刀，不过'他们都是那个中国医生带出来的'。病人这才不情愿地接受了手术。"

"后来的手术成功吗？"记者问。

"当然！非常成功！"高武图笑了，但是笑容之下却掩藏着一丝心酸。"在自己的脑袋上动刀，谁都会紧张，再一看是中国医生，素来高傲又看不起中国的英国人自然是一百个不愿意。"他无奈地说。

这样的事情在高武图刚到伦敦的时候常常发生。1972年他赴伦敦大学深造，那时他就发现英国学生看不起中国留学生，常常对他们使用不礼貌的称呼。当时高武图就暗下决心：一定要为中国人争光！

在海外工作多年，高武图说自己的成就是靠辛苦和汗水一点一点换来的，年轻时为了得到参与手术的机会，常常等到后半夜3点才轮得上去手术室。“勤奋和努力是中华民族的传统美德，而勤奋的动力源自心中的中国梦。”他由衷地说。高武图关注着中国的变化，也关注着习近平总书记提出的中国梦，“实现中华民族伟大复兴，是中华民族近代以来最伟大的梦想，也是每一个中华儿女的共同期盼。习近平总书记提出的全面建成小康社会，建成富强民主文明和谐的社会主义现代化国家，实现中华民族伟大复兴的梦想，这些都为中国的发展绘制出了一幅蓝图，也让所有人看到了希望”。

高武图说，中国梦这个提法很好，有梦才会有动力。一个人想要实现梦想，就要有能力，也要有恒心，一个国家也一样。他说，英国人有骄傲的资本，现代医学中普遍运用的电子计算机X射线断层扫描技术、核磁共振扫描技术等都是英国人发明的，他非常希望中国也能在科研尤其是医学领域取得更多突破性的成果，以此赢得世界的尊重。“邓小平同志的‘发展才是硬道理’讲得很对，没有发展，没有经济基础，科学研究是搞不起来的。中国在神经外科领域的技术水平近年来发展很快，北京、上海等大城市都达到了国际水准，但是距离国际一流水平还有差距，进步的空间依然很大。同时，由于地域广阔，中国医疗水平的发展还不平衡。必须不断改善和发展。”

“实现中华民族伟大复兴是一项光荣而艰巨的事

业，需要一代又一代中国人共同为之努力。”高武图渴望能够为祖国的科研事业尽一份心力。“帮祖国搞科学研究，第一要有一颗中国心，第二要有恒心。我现在年龄大了，如果能为祖国做点事情，能够把‘余晖’贡献给祖国，我会很高兴。”高武图说。

（2013年3月23日《人民日报》）

让中华文明在异域飘香

▲韩　超

“说起在墨尔本的生活与工作经历，概括起来就是一句话——20年做好一件事。”叶军说，“这件事就是办好学校，让中华文明在异域飘香。”

20年前，叶军刚到澳大利亚时，他的孩子还是上学前班的年龄。为了让孩子继续学习汉语、继承中国文化传统，叶军和妻子朱虹利用从国内带来的课本，在工作之余教孩子学习中文。当看到周围的朋友也在为孩子学习中文发愁时，叶军萌发了一个念头：何不将这些孩子组织起来，找个老师教他们学习中文呢？

1992年，新金山文化学校在墨尔本南区成立了。第一期学习班只有6名学生，挤在一间教室上课。由于学生水平参差不齐，叶军经常写教案到深夜，绞尽脑汁去照顾不同层次的学生。那时，有些学生住得远，他就开着一辆老爷车去接送。学校初办，经费困难，老师上一节课只有2澳元工资。然而，老师们说，自己曾在国内当过老师，能在海外重新站上三尺讲台，找回在中国教书时的感觉，精神上是莫大的满足，这是金钱所无法衡量的。叶军对记者说，他经常能从点滴小事中感受到海外华侨华人对祖国深深的爱，以及他们在海外弘扬中国文化的热情。

1995年，学校成功申请到维多利亚省高中学历教育（VCE）的教学资格。1996年，第一届高中毕业生共有14名，两名学生分别取得全科第三和第四，有两名并列第九，4名学生进入前20名，一举成为全墨尔本成绩最好的中文学校。那一年，学生总数发展到了1200多名。同年，学校还组织学生参加全澳中文朗诵比赛，获得团体第一名。1997年，为庆祝香港回归祖国，学校组织学生参加知识竞赛等一系列活动，得到学生和家长的一致好评。

叶军说，学校不仅在扩大规模、保证教学质量方面下了很大工夫，在中国传统文化的传承上也努力不辍，而这也是学校教学的根基和目的所在。这些年来，学校每年都组织印发自编的《小风铃》、《捉太阳》、《故事文选》等配套口语辅导教材，希望海外华侨华人的孩子能说一口流利的普通话，澳籍学生也能从阅读简单有趣的故事入手，逐渐掌握中文。2012年开始，学校又针对低、中、高3个年级段，开始了《弟子规》与唐诗宋词的教学。叶军对记者说，之所以设置这样古今交融的课程，是因为文化与语言教育具有同等的重要性，既要让下一代海外华侨华人掌握好中文这一语言工具，也要永远牢记身为中国人的传统基因。学校每年都组织学生赴中国参加夏令营和冬令营，并得到中国侨办和汉办的大力支持。“这是‘寻根之旅’，不可或缺”，叶军说，“如今，这已经是我们的办学特色，为这些中外学生学习中国语言和文化提供了一个很好的实践机会。”

叶军说，祖国的发展令他们这些海外华人备感自豪。2008年中国举办奥运会之际，学校组织了迎奥运活动。百米长卷上，家长、老师和同学们都纷纷留下自己的祝福和希冀。

叶军夫妇20年来在海外为传承中华文明所作的努力，得到澳大利亚主流社会的关注和认可。澳大利亚总理吉拉德与叶军夫妇两次见面，对其为澳大利亚的多元文化和社区所做的贡献给予高度赞扬和鼓励。叶军说：“令我倍感欣慰的是，当初只有几个学生的家庭语言班，现在已发展成为有6个校区、3000多名学生的文化学校。我的‘中国梦’就是，希望自己一手创办的文化学校继续在海外传播中华文化，成为墨尔本华人传承中华文化的一面旗帜。”

（2013年4月4日《人民日报》）

“中国根”与成功梦

——访秘鲁中华拉美投资公司总裁沈池枫

▲颜　欢

沈池枫是秘鲁中华拉美投资公司总裁，也是该国乃至整个拉美地区最大的华人集团——沈氏集团的掌门人。

1969年，沈池枫的父亲携妻子来到万里之遥的秘鲁首都利马，从此踏上了艰辛的他乡之路。从最初在别人手下打工贩卖塑料制品，到后来成为秘鲁主要的家居工业制成品供应商，再到如今拥有集工业产品、机械设备、投资业务等于一身的集团，他们家族最大的感慨是：中国的强大让我们更强大，而我们也希望通过自身的发展拉近中国和拉美的距离。

20世纪80年代，秘鲁同拉美其他国家一样，经历了“失去的10年”：经济负增长，各领域面临严重赤字，出现恶性通货膨胀。没有储蓄观念的拉美人生活难以为继，更别说发展经济了。

“但这成了华人大显身手的机遇。中国人勤俭节约的传统成了我们致富的法宝。”沈池枫说：“我的父母都是传统的中国人，有钱总想着积攒起来，日子虽然苦，但也甘之如饴。别人花钱，我们却继续投资，再加上运气，久而久之就有了积累。”

在秘鲁打拼多年的沈池枫一直关注中国国内的发展。作为第二代移民，中文不够流利的他通过英文学习了习近平总书记的讲话。他说：“习近平总书记强调落后就要挨打，发展才能自强。近些年来，中国的快速发展无疑给世界经济注入了新活力。”他深切感受到中国需要更多地了解世界，世界也需要更多地了解中国。在集团业务不断扩展、规模不断壮大的过程中，沈池枫萌发了打造“中拉商贸纽带”的念头，这也是他创立中华拉美投资公司的初衷。

沈池枫回忆说，十几年前，通过非正规渠道进入秘鲁市场的低廉中国商品使秘鲁人产生“中国货便宜但质量差”的成见。为了让秘鲁百姓更全面地了解和使用中国商品，特别是秘鲁基础设施建设所需的机械设备，沈氏集团成立中国机械产品代理公司，将中国极具实力的重型机械品牌引入秘鲁。但由于秘鲁南部海拔高，地理条件复杂，对施工机械要求很高。“连我们自己都拿不准情况会怎样。”沈池枫说，第一次签订合同的时候，秘鲁人并没有完全信任他提供的产品，仅仅购买了10辆长春一汽的重型卡车。让人欣慰的是“中国制造”在这里站稳了脚跟，与当地生产或进口的其他价格高昂的重型机械相比优势十分明显。他成功地将全秘鲁第一辆中国重型卡车送上高原，而如今，长春一汽在秘鲁的重型机械行业中至少位列前四。中国产品的形象改变了，双边贸易自然形成了良性循环，华商的地位也就持续提高，“现在谁不说我们中国商品好呢”。

秘鲁的华人很多，秘鲁人对中国人十分友好。“看着这座城市里满大街的中国餐厅就知道，”沈池枫自豪地说：“我的父亲常说，我们从中国来，现在要回到中国去。中国给了我们发展的能量和支持，我们希望能推进中国和秘鲁的关系，增进两国人民之间的了解和交流。”公司组建智囊团，推动双方在各方面的相互理解，向希望到拉美投资的中国商家和有意愿到中国投资的拉美厂商提供必要的专业支持和关系网络，推动双方的商业投资进程。

沈池枫感慨道，19世纪中叶，中国人被骗到南美大陆工作，过着奴隶般的生活，受到不公正的对待。而100多年后，这些移民后裔逐渐发展壮大，形成了强大的华人群体，成了这些国家不可小觑的组成部分。“这个群体最让我感到骄傲的是，我们有一个‘中国根’，这不但为我们企业提供发展机遇，也是我们的核心价值、核心竞争力和中心战略。”

（2013年4月5日《人民日报》）

中西方文化的“摆渡者”

——访比利时乒乓球国家队主教练王大勇

▲刘　歌

比利时乒乓球国家队主教练、“乒乓魔术师”、“体坛大使”……王大勇拥有很高的声誉。

1963年，王大勇获得全国乒乓球锦标赛第一名，是当时中国乒坛的名将。他曾作为中国派出的首批援外教练的一员，先后在索马里、厄瓜多尔、智利和比利时长期执教。在国外执教期间，尽管个人生活条件很艰苦，但看到学生们没有球鞋、买不起球拍，他就拿自己的钱买给他们。“听到那些孩子们高兴地喊‘谢谢中国教练’，我感到很幸福。”王大勇回忆说。1989年，王大勇受邀担任比利时乒乓球国家队主教练。

过去，在欧洲体育圈长期流传着“中国教练不能指导欧洲球员”的偏见。但王大勇始终秉持一个信念——

以过硬的成绩说话。语言不通，他就刻苦学习；为了帮学生们赛出好成绩，王大勇陪他们练球到深夜。有一次，学生激动地说：谢谢王教练，连我父母都没有像您这样细心地叮嘱过我。爱心和恒心，最终让王大勇赢得了欧洲人对中国教练发自内心的尊敬。

在王大勇家中客厅的墙上，挂着很多他在乒乓球场上的照片，其中最醒目的一张是在2001年日本大阪第46届世乒赛上，王大勇带领比利时国家队赢得团体亚军时的合影。这是比利时国家队有史以来最好的战绩，也是比利时运动史上团体项目的最好成绩。王大勇成为比利时家喻户晓的“明星教练”。

由于王大勇为比利时体育事业作出的突出贡献，比利时乒协专门为他出版了传记。国际奥委会主席罗格主动为传记作序，写道：“王大勇给比利时带来的不仅是丰富的体育技能，更带来了他对生活和体育的人性化感悟。他是中西方文化的‘摆渡者’。”比利时国王曾3次接见王大勇。在中比建交30周年时，比利时外交部在布鲁塞尔标志性建筑“五十年宫”展厅内举办图片展览，一共有7幅大照片，其中6幅为国家领导人，另一幅就是王大勇。2002年，王大勇被国际乒联授予“特殊贡献奖”。

谈到中国梦，王大勇说，“我觉得习近平总书记的话，一下子说到了我们心里，无论何时何地，祖国在我们心中始终是最重要的！多年客居海外，支撑我努力奋斗、赢得尊重的信念，就是这个梦想”。有报道曾这样介绍王大勇：如果你看过第四十六届世乒赛男子团体决赛颁奖仪式电视转播的话，有一个画面你可能不会忘记——当中国队再夺斯韦思林杯、五星红旗冉冉升起时，站在亚军领奖台上的一个人眼含热泪，也在唱着《义勇军进行曲》，他就是率领比利时队夺得男团亚军的王大勇。

北京奥运会前，一些居心叵测的西方媒体渲染不友好论调。比利时体育明星、曾夺得乒乓球世界杯男单桂冠的塞弗就受到过这种论调的暗示。王大勇说：“一天，塞弗跑来问我，如果媒体采访他，应该怎么说。我说，我是你的中国教练，你也去过中国，你知道真实的中国和中国人是什么样的，你应该知道如何说。后来，塞弗的话被无数西方媒体引述，他说，我相信，在北京举办的奥运会将会是最成功的！”

在采访过程中，王大勇打开电视，播放了他和妻子最喜欢的一首歌——《共和国之恋》。王大勇说：“我和夫人特别喜欢这首歌，特别是那句‘当世界向你微笑，我就在你的泪光里’。这首歌最能代表我们的心声！因为我们有着一样的中国梦，那就是希望中国富强、在国际上赢得尊重！”

（2013年4月15日《人民日报》）

鸟儿老了就会想起它出生的那棵树

▲洛桑隆技

龙日南杰仁波切，海外藏传佛教格鲁派宗教领袖、印度甘丹寺总法台（2002—2009年），1927年出生在稻城县金珠镇北约10公里的冷巴村，8岁出家雄登寺，24岁时去拉萨，从此60年没有回过家乡。

2009年春，住在巴黎的仁波切对我说："洛桑隆技，藏人有句话，鸟儿老了就会想起它出生的那棵树。"

"落叶归根，仁波切，您想回家乡看看，是吗？"

2011年夏天，仁波切终于踏上了回家之路。

在北京，我们在雍和宫参观了一下午。仁波切非常高兴，说没想到在首都北京有如此规模的喇嘛寺院，可见从古至今中国都是一个非常推崇佛教的国家。我们还随仁波切去了西山翠微峰上的灵光寺瞻仰佛牙舍利，随后又去五台山朝拜了文殊菩萨。回到北京后，十一世班禅喇嘛在黄寺接见了仁波切。黄寺历史上曾先后是西藏宗教领袖达赖喇嘛和班禅喇嘛在京的安禅之所，现为中国藏语系高级佛学院所在地。

茶会间，班禅喇嘛的正副经师和众多高僧在场作陪，礼遇极高。会见结束合影后，仁波切步出大殿，高兴地对我说，原以为只是小型的私人会面，没想到有这么多喇嘛作陪，并称赞十一世班禅喇嘛为人非常谦和、学习精进、佛学造诣极高。

青藏高原东南、横断山脉东侧的川滇交界处，崇山峻岭，盘山公路盘旋上下。在稻城，车子缓缓行至山腰，随行的一位住持指着远处村头的一座石房说，那就是仁波切家的老屋。仁波切回忆说，“当年我就是从这儿骑着骡子去拉萨的，走了几个月。现在方便啊，有公路、火车、飞机，人们开车、骑摩托，两三天就能到西藏。当时的拉萨只有一辆汽车，是给达赖喇嘛的，没有一家药店，藏人那时的生活真的很苦，冬天冷得冻死人。现在好了，什么都有了，老百姓高兴，政府高兴，一切吉祥。”

祈福法会上，仁波切最后做了开示。仁波切说他回来看到老百姓生活丰衣足食，住上了好房子，以前并不是这样的。当今社会有了很大进步，政府为老百姓做了许多事，希望大家珍惜幸福，人民高兴，他就高兴。

第二天一早，寺庙前停着数不清的摩托车，车子上系着五彩哈达，车子两侧和后座绑着用麻绳捆起来的砖茶或大袋青稞，许多人携家带口，多是身着藏装的英俊汉子在前、打扮漂亮的妻子抱着孩子在后。供养上师的仪式上，雄赳赳的男子们肩扛长长的砖茶或大袋青稞在先，老人、妻儿在后。他们从寺前广场的大门入寺，穿过大院，健步登上新殿前高高的台阶，在僧人们的引领下经大殿正门鱼贯而入，走过仁波切的法座前行礼，再从新殿侧门鱼贯而出，进入老殿安放贡品。整个过程持续一两个小时，人流不断，秩序井然，蔚为壮观。我随队到老殿去看，只见贡品堆积如山，不由得感叹此地百姓生活富裕、信仰虔诚。

傍晚，在城中心的雪山文化广场，有十来人绕着广场一齐跳着颇具民族特色的稻城锅庄舞，不断有人加入舞队，直到数百人在广场上翩翩起舞。人群中有来自社会各个阶层的人，还有很多观光游客。看着人们快乐起舞的身影，我深深地意识到，这不仅是一道极具稻城特色的人文风景，也正是我们所追求的社会和谐、民族和谐的具体表现。

回到巴黎后，2012年春，仁波切在他的住处问我：“洛桑隆technical技,现在印度有些人批评我了，说我不该见班禅喇嘛、不该说政府的好话。”

“您在意吗？”

“不在意的，我已经85岁了，从来不说假话。”

（2013年4月18日《人民日报》）

“你好”声声遍英伦

▲李文云

提起中国梦，旅英华人文化学会主席黎丽女士感慨万千。“让我们说说‘你好’这两个字吧。”

黎丽说，20多年前她刚到伦敦时去参观一家豪华画廊，老板出奇的热情，可是当得知她来自中国后，老板的笑容立刻收敛了许多，“原来他起初误以为我是日本人”。“光阴荏苒，近年来伴随着中国的蓬勃发展，我们再也没被当成日本人，而是听到越来越多的欧洲人用汉语问候‘你好！’”

黎丽说起自己参加一位106岁英国老太太生日聚会的故事。老人平时很少出门，对八九十年前的事情比当今的事情记得更清楚。当黎丽在生日晚会上献给老太太一张中国贺卡时，她竖起大拇指，令人意外地说了一声“你好”。这两个字从一位106岁的英国老人口中说出，给人一种异乎寻常的感动。她说，虽然不知老人是如何学会这句汉语的，但可以肯定的是，这与中国的影响力增强有关。

黎丽告诉记者，在伦敦富乐姆区一家古董商店，她看到一幅“中国你好”的红字条幅挂在墙上。店主说是请一位老华侨写的。由于最近有几件古董都被中国人高价买走了，店主半开玩笑地说：“过去说顾客是上帝，但现在这个上帝越来越像中国人了。”

黎丽还讲起，在伦敦西南的温布顿有一位卖邮票的老人，他把每个国家的邮票分装在不同的透明玻璃纸套里。“过去我常去那里淘换中国邮票。而最近再去那里，中国邮票的袋子经常是空的。他反过来问我，怎样可以搞到一些中国的邮票，因为中国邮票近来特别抢手。”

黎丽谈到，英国有一家100多年历史的新英格兰俱乐部，萨金特这样的油画大师也曾是俱乐部的成员。黎丽和丈夫曾要求参观俱乐部主席的画室，这位主席却以“我的画都在网上”为由予以婉拒。几年后，中国一位著名画家在北京举办作品展，黎丽特地邀请这位主席偕夫人到北京参加开幕式。这位主席此前从没去过中国。回到伦敦后，他在给黎丽的信中写道：“此次中国行我们是一次何等奇妙的体验啊！我希望在更多的活动中见到你们，并建立友谊。”前不久，在俱乐部举办年度晚宴时，这位主席特地邀请黎丽夫妇坐在他身边。“从被婉拒到成为座上宾，这变化就发生在一次中国行之后。”黎丽说：“如果没有中国的发展、富强与影响力扩大，这种变化是完全不可能的。”

黎丽还讲起在牛津街一间高档礼品店门口亲身经历的一幕：一个制服笔挺、彬彬有礼的店员向每一位进门的顾客打招呼。“我进去时他说了一声‘你好’。这时，来了一对年轻情侣，当听到中文‘你好’的时候，他们先是愣了一下，然后男士回了一句‘莫西莫西’（你好），原来这是一对被当成中国人的日本情侣。”

黎丽对记者说，不仅在伦敦商店里能听到“你好”，在一些其他场合也会碰到，比如在公共汽车站，时常有陌生人意外地道一声“你好”。此时此刻，这两个字已经不只是一个打招呼的词语，更像是英国人在展示自己对中国的了解与关注，或是向中国人表示友好。

这样的际遇，当然是在中英进行了很多人文等方面交流以后才有的。黎丽谈到，中国的兵马俑在伦敦大英博物馆展出时，英国人清晨5时半便排长队买票，这种景象在英国可谓空前；北京奥运火炬在伦敦传递那天，天空中飘着雪花，有两个十六七岁的中国女留学生各执一面小红旗，手拉手一起跑，单纯可爱的样子令人难忘；中国春节，一排排特大的灯笼映红伦敦牛津广场的夜空；黎丽的故乡哈尔滨的啤酒也摆上了英国商店的柜台；还有伦敦奥运期间慰问中国金牌得主时，英国华侨华人由衷的喜悦和自豪……

听黎丽兴奋地说着这些年来看似寻常又非同寻常的故事，就像倾听一湾溪流叮咚作响，那是流不尽的故事，也是流不尽的中国梦。

（2013年4月20日《人民日报》）

医学教授沙漠造绿

▲田　泓　刘军国

他把打工挣的200万元人民币投到内蒙古沙漠植树，但至今在日本只租住一间小房，随身携带的电脑包磨得起毛，家里的电视机用到经常要拍一拍才能继续工作。

在离包头100千米远的内蒙古乌拉特前旗阿拉奔沙漠地区，有一片绿洲生机盎然，草木茂盛，鸟兽相逐。而6年前，这里还是一片不毛之地，是留日学人郭试瑜和他的蒙古族同学帮助改变了面貌。

61岁的郭试瑜旅居日本20多年，退休前是昭和大学医学部副教授，现在荒漠植树成了他最关心的事业。

2000年，一群留日学子响应号召，去内蒙古沙漠种树打井，但由于缺乏经验，最后没有取得预想成果。老郭却不服输：“一定要用科学知识，实实在在为国家做点事情。”他想起在内蒙古当骨科主任的大学同学色登。电脑上无数次隔空讨论，让两个年过半百的老同学再发少年狂想。

造绿先固沙。在当地政府的支持下，郭试瑜等人向当地牧民承包3万亩沙漠，建立“神州学人荒漠生态示范园”。总结教训并查询大量资料后，他找到问题的关键：选好树种。2006年春天，色登用郭试瑜汇来的10万元人民币买了20万株沙柳、梭梭和沙棘树苗，用摩托车一车车拖到沙漠种了下去。色登还带领家人砍了一车的沙蓬草，站在高处风口，让风把种子吹出去。“土办法”成功了，牧草在灌木丛间扎根生长。流沙固定了，俄罗斯大果沙棘、沙枣、速生杨、红柳、新疆杨……越来越多的树种存活下来，示范园的面积也逐步扩大到5万亩。

第二年，动物来了。首先是老鼠，啃光草根后，在沙地上钻出一个个洞。就在人们担心鼠患的时候，猫头鹰出现了，接着是狐狸、野兔……久违的生物链又循环起来。

灼热的烈日下，望着粉色的杨柴花在绿草间摇曳，郭试瑜有些飘飘然：好像自己是孙悟空，拔根汗毛一吹，就能变出心里想要的东西。色登摊开双手，全是老茧和裂口，哪里还像是外科医生的手。不过，他还是高兴，这才是自己儿时嬉戏的草原啊。

草长出来了，怎么让草场持续发展？牧草如果不及时利用，会影响明年的生长。多次筛选后，他们决定引进原产瑞士的西门塔尔牛。这种牛奶肉兼用，对饲料不讲究，比较适合当地的生存环境。目前，示范园里已经有200多头，正在进行优化，争取形成能够自我繁殖的种群。

老郭说，示范园的示范效应已初步显现。一是证明沙漠可以种树，二是周边地区也开始跟着他们改造沙漠。治沙专家称赞老郭“挑战了科学的限制”：一些原来被认为不可能在这个纬度存活的树种移植成功。

很多牧民在建设绿洲中改善了生活。牧民乌力吉家一年就拿到了栽树工钱2万多元。达楞哈业尔一家用种树护林得到的3万元工资盖起了新砖房。

荒漠植树，投入大，风险大。6年来，郭试瑜先后个人投入200万元人民币，而这些钱都是他在日本打工赚来的。色登和留日中国同学总会会长陈洪源也各自捐了10万元。虽然已经退休，老郭还在四五个学校兼课。日本同事知道他在荒漠植树，夸他“伟大”，主动给他介绍兼职。

在东京生活20多年，老郭还租住着一间小房。随身携带的电脑包磨得起毛。妻子儿女一直生活在苏州，家里的电视机用到经常要拍一拍才能继续工作，但他对植树造林却从无怨言。

老郭当过留日中国同学总会的会长，颇有人缘。现在，他组织五六十个在日本的各学科专家成立了环境能源研究所，希望通过跨界合作产生更多好技术，继续造绿事业。

老郭说，和谐有三个层次：人与自然的和谐，人与人的和谐，人内心的和谐。在荒漠造绿的过程中，他已经收获了人生的理想境界。

（2013年5月2日《人民日报》）

为民族复兴干杯!

▲陈一鸣

“每个海外华人都有一种共同感受，越是远离祖国，越是心系家邦。”在美国南加州的家中，张素久激动地对本报记者说。虽然旅居美国数十年，但张素久对祖国的赤子情怀一刻也没有消减。

2007年，张素久当选美国南加州华人社团联合会主席后，更加尽心尽力地团结南加州60多个华人社团，积极支持中国建设。

在帕萨迪纳市，一年一度的元旦玫瑰花车巡游可以说是新年狂欢活动。但直到2007年尚没有一辆来自中国内地的花车。“我上任后要做的第一件事，就是让玫瑰花车巡游中出现一辆代表中国内地的花车。”张素久说，当时北京正在筹办奥运会，让全球华人的奥运梦在玫瑰花车巡游中绽放，无疑别有意义。由于当地反华势力拼命干扰，张素久和其他华侨华人、留学生3次参加听证会，据理力争，打动了帕萨迪纳的市长和议员，最终使奥运花车在2008年元旦顺利亮相。

2010年，当地华侨华人募款35万美元，让玫瑰花车巡游中有了一辆代表上海世博会的花车。

从每年国庆时的华侨华人升旗典礼，到纪念辛亥革命100周年的大型史诗音乐会，在张素久的组织和协调下，南加州侨界近年来的每一场活动都得到广大华侨华人的热心支持，取得圆满成功。

1997年12月，在杨振宁、丁肇中教授等发起倡议下，清华北美教育基金会在美国注册成立。1999年，身为清华校友的张素久出任总裁。她深谙基金会对协助清华成为一流大学的重要作用，不遗余力地通过多种渠道，宣传清华，争取多方面的支持与赞助，为基金会在美国打开了一片天地。

青少年代表着希望和未来，近年来，张素久又把许多精力放在促进中美青少年的教育交流上。“我们在几年前发起了‘国际好莱坞天使杯青少年才艺大奖赛’，邀请中国青少年来到洛杉矶，与当地青少年交流互动、比拼才艺。这种大赛除了有教育交流的功能外，还可以让美国的青少年看到中国同龄人的才艺，看到他们的精神面貌，从而在年轻的时候便对中国产生直观印象，今后即使遇到一些对华不甚友善的声音，也有分析和鉴别能力。同时，中国青少年来到美国，也可以开阔眼界、增长见识，也会更加自觉地树立自己的良好形象。”张素久说。

最近，她在家乡安徽成立了张治中文化教育基金会，亲自担任理事长，今后每年都会向当地贫困高中毕业生颁发奖学金，“国际好莱坞天使杯青少年才艺大奖赛”也将在这个基金会的资助下进行。

张素久说，习近平总书记阐述的“实现中华民族伟大复兴，就是中华民族近代以来最伟大的梦想”，道出了全体中华儿女的心声，也说到了海外华侨华人的心坎上。在近现代历史上，无论是辛亥革命、抗日战争、建立新中国，还是实行改革开放，我们奋斗的目标都是中华民族的伟大复兴。张素久透露，她有意在2015年抗日战争胜利70周年之前，拍摄一部反映父亲张治中将军高尚人格、一生奉献的电视剧，让更多人了解先辈们为国家独立、和平统一、复兴富强而苦苦求索的往事。

2011年，以张素久为总召集人的全美华侨华人隆重纪念辛亥革命100周年组委会与安徽古井贡酒集团合作，隆重推出了“辛亥百年——1911纪念酒”。在张素久亲自参与设计的酒瓶上，正面是人民英雄纪念碑上的辛亥革命浮雕，背面书写着：“1911年的辛亥革命，推翻了中国两千年的封建帝制，迎来了中华民族复兴的曙光……让我们一起，为中华民族的伟大复兴，干杯！”

“为什么要为中华民族的伟大复兴干杯？因为它凝聚了我们几代人的中国梦！”张素久动情地说。

（2013年5月6日《人民日报》）

矢志爱国报国

▲韩　硕

黄汉忠，祖籍中国福建，是第三代华侨。回忆起祖辈背井离乡，黄汉忠说，那时候家乡太贫困，为了生存，他的爷爷带领全家来到泰国最南部的勿洞，通过种橡胶树、开杂货铺，家里的日子开始一点点有了起色。

抗日战争爆发后，勿洞的华侨华人组织捐款，支援国内抗日。“祖国有难，岂能不帮？”黄汉忠的爷爷毫不犹豫捐出辛苦攒下的一大笔钱，不料却因此招来杀身之祸：一天，几个日本宪兵强行将他爷爷抓走，从此再也没有回来。

黄汉忠说，每一个海外华侨华人的心都和祖国紧紧相依，每个人的命运都和祖国的命运紧紧相连。爷爷客死异乡，最终没能回到祖国和故乡看看，是他这辈子最大的遗憾和无法言说的痛。

黄汉忠出生后，父母非常注重培养他学中文，送他进华文学校学习中国文化，希望他不要忘记自己的母语、忘掉自己的根。20世纪70—80年代，泰国兴起英语热，但黄汉忠和几个兄弟姐妹依旧保持学习中文的热情。提起中国文化和传统，黄汉忠如数家珍，“我年轻时看遍了所有可以接触到的中国书籍”。他憧憬着有一天，可以真正回到他们魂牵梦萦的祖国和故乡看一看。

机会终于来了。19岁那年，一个同乡问黄汉忠是否愿意到旅行社帮忙。“我当时欣喜若狂，因为我的中文有用武之地了。”从打杂、跑腿到业务员、导游，他一点点累积经验；在不断与华人客户接触的过程中，又学到了不少中华文化，这一干就是10年。

黄汉忠说，习近平总书记那句“空谈误国，实干兴邦”让他感同身受。“以我个人经历来说，当初我从泰南来到曼谷，一路打拼到现在，有太多心酸，每一步都很不易，但我实现了自己的梦想”。黄汉忠说，每一个在海外的华侨华人都怀揣着各自的梦想，每个人背后几乎都有一段追梦的故事。

“改革开放、申奥成功……祖国日渐强大，我们华侨华人的腰杆也挺起来了。”黄汉忠越说越动情，他一字一句缓缓地背出习近平总书记的讲话：“实现中华民族伟大复兴，就是中华民族近代以来最伟大的梦想。这个梦想，凝聚了几代中国人的夙愿，体现了中华民族和中国人民的整体利益，是每一个中华儿女的共同期盼。”他说，习近平总书记说出了每个海外华侨华人的心声。

黄汉忠说：“有赖于祖国的开放和经济的不断发展，中国的老百姓生活好了，口袋里有钱了，我的生意和事业也越做越红火。”他向记者介绍，“和别人不同，我担心的不是没有客户，而是客户太多、需求更高，我如何安排好接待服务”。黄汉忠称，中国强大了，海外华侨华人也不再受歧视和欺负了。“我们活得更有尊严、更有安全感！”

由于业务往来，黄汉忠跑遍了国内大部分城市，对祖国近年来的变化赞不绝口。“从1997年开始，来泰国旅游的中国游客人数不断激增，这几年更是增速惊人，这是中国经济快速发展、人民生活质量不断提升的一个具体体现。”

黄汉忠告诉记者，他每天都浏览报纸和网站，密切关注中国新闻。他对中国复兴之路充满信心，相信中国在新一届领导人带领下，一定能实现经济的继续腾飞，实现中华民族的伟大复兴。“这是我们几代海外游子的共同祈盼，也是中华民族一个不再遥远的梦。”

（2013年5月7日《人民日报》）

办报推广中华文化

▲刘　慧

《国际日报》是在印度尼西亚华侨华人中很有影响的中文报纸，但该报业集团董事兼社长李振亮说："当初，我只是个商人，不懂办报，根本没想过踏足文化界。"

李振亮的家族在印尼银行业举足轻重，他本人一直在为家族企业服务。参与办报离不开《国际日报》董事长熊德龙的影响。熊德龙看中李振亮的人脉和口碑，三番五次邀请他合办中文报纸。但李振亮认为自己对办报知之甚少，而且作为第二代印尼华人，中文已忘得差不多了，没办法担当重任，数次婉言谢绝。最后，熊德龙的一句话打动了他："我一点华人血统都没有，还想着要办中文报纸。你一个地道的华人，为什么不能做呢？"李振亮无法再拒绝，于是同熊德龙一起开始艰难的办报历程。

《国际日报》创办初期，已经是银行家的李振亮亲自参与报纸推销。每天早上，李振亮到广场晨练时，都带上几百份报纸，分发给在那里锻炼的华人。他还亲自上门，把报纸送到与自己有合作关系的老板家里，并希望他们向亲朋好友、合作伙伴推销。就这样，越来越多的华人知道了《国际日报》，订报人也越来越多。提到这段经历，李振亮感慨地说："自己当时完全是凭着一股热情在做报纸，希望凭借自己的努力推广中华文化。"

在李振亮和熊德龙的努力下，《国际日报》创办3年就开始盈利，并逐渐在印尼华侨华人中有了一定影响力。尽管在印尼办中文报纸要承受政治、社会压力，销售途径也不宽，但李振亮对中文报纸的前景充满信心。李振亮解释说，一个国家的经济好坏要看金融，金融的好坏要看政治，到印尼投资的重要地区和国家将是中国台湾、新加坡、马来西亚、中国香港等。此外，中国随着经济的发展，也必将把目光投向印尼。这些国家和地区都说中文，因此，他很看好中文报纸的前景。

事实证明，李振亮没有盲目乐观。《国际日报》合作伙伴——《爪哇邮报》总裁、印尼现任国企部部长余世甘，也持相同看法。在《国际日报》逐渐走上正轨后，为了扩大报纸影响力，熊德龙希望寻找一个合作伙伴。李振亮从成本、经营等各方面考虑，决定选择总部在东爪哇的《爪哇邮报》作为合作伙伴。令李振亮惊喜的是，余世甘的想法与他不谋而合。余世甘认为，自己报纸再大，没有中文就不全面。而且，他很看好中国发展前景，一直希望办一份中文报纸。二者迄今已合作10年，借助《爪哇邮报》的影响力，《国际日报》成功打入东爪哇市场。

谈到中国梦，李振亮感慨万千："属于中国的盛世正逐渐来临。作为海外华人，我感到非常自豪。"对于中国的发展，李振亮认为，现在很多国家都认为中国最终将超越美国，成为世界第一大经济强国。现在是发展的关键时期，中国应该少说多做，做实事，这样才能尽快实现中国梦。

（2013年5月8日《人民日报》）

"统一梦"连着中国梦

▲朱海安

我今年40岁。20世纪80年代初，我随父母来到比利时。

我也有一个中国梦。我渴望中国能够早日实现和平统一，宝岛台湾早日回归祖国怀抱。

近代中国受尽了列强的欺凌和羞辱，而中国台湾历经沧桑，先受荷兰殖民统治，后遭日本窃据。我的三祖父朱光业1949年去了台湾，40年后才得以回到故乡。他说："两岸分隔，有多少家庭破碎，骨肉分离，如果两岸统一，那该有多好啊！"三祖父的这几句话从此深深地根植在我父亲心中。

2000年，比利时中国和平统一促进会（和统会）成立，父亲和我参与了创建工作。2002年父亲正式主持和统会日常工作，我作为副会长协助他。因为懂当地语言，所以主要由我负责对外沟通和会谈，由此认识许多比利时主流社会朋友，并积累不少工作经验。

每逢和统会举行活动，我们全家齐动员，我的父母、妻子、妹妹、弟弟和弟媳都来帮忙，制作横幅，布置会场，参与所有活动筹办。母亲说："实现中国和平统一，弘扬中华文化，为这两件事情我付出再多也心甘情愿。"

2010年父亲主动让贤，不再竞选连任会长，希望让学识高的年轻一代到第一线与比利时主流社会打交道，这对和统会工作更加有利。当时我对是否参加竞选犹豫不决，因为父子关系，担心人家说闲话。经过思想斗争，也因为大家热情支持，最终我参加竞选，并高票当选新任会长。

和统会的工作比较敏感又十分繁重，但我们始终不松懈。2005年，比利时和统会发表声明，坚决支持中国通过《反分裂国家法》。2008年，北京奥运火炬在欧洲传递，华侨华人留学生声势浩大的示威游行有力地对抗了"藏独"分子和西方反华势力的干扰。2010年，比利时和统会召集境内所有侨团向玉树灾区人民捐款。2012年9月，比利时和统会联合各兄弟侨团华侨华人300多人，前往日本驻比利时大使馆示威，抗议日本政府"购买"钓鱼岛的非法行径。因为和统会组织有序、守法，这次抗议活动得到了当地政府赞许。此外，和统会还积极参与配合比利时王储菲利普访问中国等双边友好交流活动。

习近平总书记说，实现中华民族伟大复兴是一项光荣而艰巨的事业，需要一代又一代中国人共同为之努力。空谈误国，实干兴邦。习总书记给了我们力量和信心。我们和统会也一定要通过扎实的努力，为实现祖国完全统一贡献力量。

（2013年5月12日《人民日报》）

教育是民族强盛的基石

▲施晓慧

来俄罗斯学习工作20年了，我亲眼目睹了中俄关系的发展和变化。中俄贸易总额从1992年的58.5亿美元发展到2012年近900亿美元。两国政府都认为当前中俄关系处于历史最好时期。两国的经济、政治、文化、艺术、军事等各方面的交流日益频繁。这些都是我们伟大祖国不断发展强大的结果。

俄罗斯人对中国人的态度也在发生着微妙而积极的变化。举个小例子，最近发现，在俄罗斯著名的天文馆里，所有简介上都标注了中文翻译。这在过去是不可想象的。而且，当我指出个别翻译有错误时，馆方找来了具体负责人详细听取意见，表示一定会做进一步的修改。正是祖国的强大，才有了邻国的尊重。

同时，我们也必须清醒地看到，在旅俄的华侨华人和华商中，也存在着诸多问题，面临着诸多困难。我们要通过互相帮助，使华侨华人树立遵纪守法的良好形象，因为海外华人的形象，有时直接影响俄罗斯百姓心中的中国形象。不久前，俄罗斯方面压缩了华人在俄罗斯工作的工卡名额，一小部分人出现了在俄身份不合法的问题。我们让俄语水平高的中国人帮助提交申请书，在法律的框架内，为部分公司保住了不占配额的总经理工卡。

教育、素质，是一个民族强盛的基石。我们俄罗斯中华文化促进会直属的俄罗斯国际中文学校对华侨华人子女实现了半费9年中文教育，并明确提出尽快实现“9年中文免费教育”的目标。我们相信，一个受过良好教育、高素质的旅俄华侨华人，是促进中俄友谊的正能量；一个很好掌握了中文的俄罗斯友人，也是一个发展中俄友好的使者。一位著名的俄罗斯核物理学家，1992年在成都的公园里与我合影，并用俄语写下：“学好俄语，不仅仅对个人有利，也有利于两国人民”。这句话我从来不曾忘怀。

我们文化促进会的一些会员，是当年北京在莫斯科申办奥运会时，接送申奥代表团的华侨团队的主力。我们华侨华人有责任、有义务、有能力为中华民族伟大复兴做出自己的贡献。“空谈误国，实干兴邦”掷地有声！习近平总书记的一席话，使我们这些旅俄华侨华人心里亮堂，鼓足了力量。我们要从身边的事情做起，为尽快实现中俄双边贸易额过1000亿美元大关做出努力。我们要弘扬老一辈华侨的爱国精神，以祖国和民族的强盛为己任，为实现中华民族伟大复兴的中国梦努力奋斗。

（2013年5月13日《人民日报》）

祖国的强大让每个小梦想起飞

▲张建波

在王龙水看来，爱国心与拼搏奋进的实干精神融成一体，才能筑起中国梦。在南非侨界，大部分成功的故事都是爱拼敢赢、催人奋进的故事，王龙水的故事也是如此。

王龙水1964年出生于福建省泉州市，现为非洲中华总商会会长、非洲中华慈善基金主席、南非双龙集团董事长。他还担任着全非洲中国和平统一促进会、南部非洲中华福建同乡总会等多个组织的名誉会长。

23年前，王龙水为寻找梦想，只身辗转来到南非。“当时南非种族隔离制度还未结束，白人以外的其他人种进入约翰内斯堡需要办进城证；中国与南非尚未建交，只有中国国际问题研究所在行政首都比勒陀利亚设了一个南非研究中心。”王龙水说。

对一个初来乍到的外国人来说，进城证并不好申请。“我第一次是以游客的身份进入约翰内斯堡的，身上仅有200美元，一穷二白，和5个中国人挤住在一间十几平方米的房间里，不知道打地铺度过多少夜晚，出去熟悉环境如同打游击一样。”王龙水回忆说，一开始他先帮中国台湾人卖表，每天都要走很远去卖货。语言不熟练，随身带一个计算器连说带比划和别人交流，忍受着白眼和歧视。后来终于开了一家批发店，但有时还会被持枪歹徒欺负。

逆境更激发了华侨华人奋进的意志，大家抱团取暖，相互帮助，先后建立起南非中华福建同乡会、南非洲中华工商总会等民间组织。建会伊始，王龙水就在这两家组织中分别担任副会长与常务副会长职务，在服务侨胞方面做出不少贡献。“刚起步时，完全是自己贴工、贴钱、贴精力。”王龙水说，这样的事情有很多，比如有一次，有3名华人在靠近莱索托的地方遇难，他和会长两人连夜开车赶往出事地点，冒着寒冷协调善后工作。

1994年，南非种族隔离制度的结束令各界振奋，中国和南非政府也积极商谈建交事宜。1997年，两国签署建交联合公报，王龙水因此激动不已。那一年，他33岁，来到南非已近8年，生意渐渐做大，中南建交让他对未来更加充满信心。

“都要建交了，却发现使馆还没有升旗用的旗杆。”王龙水回忆道，1998年1月1日使馆开馆的那个清晨，作为南非洲中华工商总会的代表，他和30多名同胞主动请缨，将旗杆架起在大使馆院子内。当国歌响起、五星红旗飘扬在比勒陀利亚空中时，他热泪盈眶、热血沸腾。“海外侨民有了依靠”，王龙水表示，中国的强大让人扬眉吐气，南非华侨华人一直是同祖（籍）国在一起的。

2010年与2011年，在王龙水的努力下，非洲中华总商会与非洲中华慈善基金先后成立。作为南非首个由华人创立的专门资助当地贫困人群、改善其教育与医疗状况的慈善基金，非洲中华慈善基金已经同南非总统祖马的夫人恩图利的基金会结为“姐妹”关系，向南非自由州省与夸祖鲁—纳塔尔省提供了多笔捐赠。通过长期扎根南非，王龙水与当地政府和议会的官员都建立起联系，就在接受采访之际，还赶上豪登省议会议长打电话过来。

“祖国的强大，才能让每个小梦想得以起飞。”回首23年的奋斗历程，王龙水感慨地说。

（2013年5月14日《人民日报》）

做“中国元素”的推广者

▲丁小希

2012年2月14日，时任国家副主席习近平访美，美中友好协会在纽约时报广场1号楼的巨型屏幕上，每五分钟一次滚动播放“美中友谊，见证历史”30秒专题短片。这是时报广场首次播放欢迎中国国家领导人访美的影像。

“我不想错过每一个中美关系发展的重要时刻。”美中友协会长张锦平对本报记者谈起此事，非常自豪。

美中友协的创立，要追溯到20世纪80年代末期。张锦平说，当时，中美两国在经济、政治、文化乃至一些敏感领域都有着广泛的交流与合作。但1989年，两国政府间交往几乎全部停止。“当时我深感两国急需一股力量来推动双边关系。1991年，我们组织协调并安排接待中国民族事务委员会来美国哥伦比亚大学进行相关培训，还邀请并安排中国国企负责人赴美考察，均取得良好效果。经过几年的酝酿和筹备，1992年，我与几位美中友好人士共同建立了美中友协，希望用民间力量为改善两国关系助力。”

中国不断强大，在美国的华人也日益受重视，友协在美国主流社会中也越来越有影响力。2009年，适逢中美建交30周年，友协在纽约成功举办“美中友好峰会”和首次“华尔街中美两国国旗升旗仪式”。从此，每逢中国国庆节，友协都在这里举行仪式，升两国国旗，奏两国国歌，由120名纽约中学生组成的管弦乐队现场演奏的《义勇军进行曲》回荡在华尔街上空。

十几年前，美国职业体育赛场上还看不到中国球员的影子，但随着王治郅、姚明和易建联等中国球员加盟美国职业篮球联赛，美国职业体育赛场上出现越来越多的中国元素。友协于2009年与美国职业篮球队合作，第一次举办大规模的“中华之夜”活动，现场数千名华人与1万多名美国球迷共庆，展现了东方艺术与西方运动精神的完美结合。迄今，友协已与美国职业体育赛事连续4年举办“中华之夜”活动，在美国职业篮球和棒球赛场刮起了强劲的中国风，现场观众人数超过10万，电视和网络媒体浏览数亿次。

随着中国国力的增强，美国政界人物也更加重视中国。张锦平说，近几年友协举办许多重要活动，纽约、新泽西、康涅狄格、宾夕法尼亚等州的州长都发来贺信或派代表参与，一些国会议员也热情参加。这在过去是非常少见的。

2011年12月31日，美中友协、纽约市政府与时报广场倒计时庆典委员会一起举办“2012纽约时报广场新年倒计时水晶球降落庆典开幕仪式”，并首次在庆典活动中引入中国元素，邀请北京市旅游发展委员会参与并为北京旅游做推广活动。“来自北京的祝福”成了时报广场新年庆典的主题之一。现场200多万游客和各界人士代表以及数亿电视观众目睹了北京风采。2012年12月31日，友协再次举办这一庆典，主题为“新年邀您去中国”，受到万众瞩目。

张锦平认为，中国需要努力发展与大国地位相适应的文化软实力，提高中华文化的国际影响。张锦平表示，“我们这一代人更像是改革开放后中国梦在海外的第一代开拓者，而下一代成长在改革开放的好时代，接受了中西方的不同文化教育，更具包容开放的心态，这将有利于他们将个人的梦想与中国梦更好地统一。我相信下一代能为中美两国的和平友好做出更多的贡献。”

（2013年5月17日《人民日报》）

青春梦想应该越飞越高

▲张涛甫

“我为少男少女们歌唱。我歌唱早晨，我歌唱希望，我歌唱那些属于未来的事物，我歌唱正在生长的力量。”著名诗人何其芳70多年前写下的诗句，今天读来，仍能让人心中充盈对青春的祝愿。

青春，常常被赋予希望、阳光、激情、奋进、浪漫、诗意等内涵，正因此，她成为无数诗人、文学家反复吟诵的旋律。青春是人生旅程中最美丽的风景，也是多梦的季节。做梦是青春最大的权利，哪怕这梦有时不知“天高地厚”，有时幼稚可笑，但因是青春之梦，谁也不会太计较。只有让青春的枝头挂满梦想的花朵，才有人生金秋的收成。

然而近些年来，青春话题似乎变得有点沉重。近日，电影《致我们终将逝去的青春》热映。这部反映“70后”青年生活的电影，之所以引起观众尤其是中青年群体的追捧，正在于影片触动了时下年轻人心中最柔软的地方：青春虽然美好，但它已不再属于我们的青年一代。一些青年人的脸上常写满焦虑、无奈、浮躁、失意。在不少人心中，梦想已然凋零，激情不再燃烧，诗意难觅踪迹。风华正茂的年纪，内心却已落英缤纷。

按说，今天的青年人，生活远没有父辈们那么奔波、拮据、窘迫。这一代人的成长，正好伴随着中国发展最快、最好的年月，算是幸运的一代。他们有理由也有能力，比上一辈人生活得更从容，更有激情，让人生驰骋于更广阔的天地。但现实情况却并非如此，许多青年感觉生活得疲惫、憋屈，缺少阳光、色彩。

究其原因，当下的青年人承受了与他们的年纪不相称的现实压力。他们的青春记忆里挤满了现实的纠结：升学、就业、成家、工作升迁、买车、买房……凡此种种，层层加码，把年轻人结结实实地困在生活的重轭里。在这种情境下，他们难有激情去放飞青春梦想，也鲜有闲情逸致去仰望天空。面对激烈的竞争压力，青年人比的不是谁有理想、谁有激情，而是比谁更“实际”，更“唯物”、更“老成”。结果，“现实主义”打败了“理想主义”，“精致的利己主义”蚕食了青年登高望远的能力。不少青年纠结在狭小的利益算盘中，无视共同体的责任和青年人的使命，让人生的理想越飞越低，低到只在自己的城堡里贴地而行。长此以往，不仅青年的路会越走越窄，而且对社会和国家发展不利，反过来又会影响青年的未来。

俗话说：“大河有水小河满，大河无水小河干。”五四青年节前夕，习近平总书记在给北京大学考古文博学院2009级本科团支部全体同学的回信中说：“‘得其大者可以兼其小。’只有把人生理想融入国家和民族的事业中，才能最终成就一番事业。”青年人只有把目光从个人的小天地中挣脱出来，将个人理想与家国情怀结合起来，让个人梦想与中国梦对接起来，才有真正出彩的人生。因为，“只有进行了激情奋斗的青春，只有进行了顽强拼搏的青春，只有为人民作出了奉献的青春，才会留下充实、温暖、持久、无悔的青春回忆”。

青年兴则国家兴，青年强则国家强。面对成长中的烦恼，国家、社会有责任关爱青年，设身处地地帮助他们解决困难，为青年成才创造宽松、公正的成长环境。只有不断拓展青年人的上行空间，让他们“共同享有人生出彩的机会，共同享有梦想成真的机会”，青年才会在成长与进步中承载起中国梦。

（2013年5月8日《人民日报》）

别戴着老花镜看青年一代

▲郗杰英

“中国梦是我们的，更是你们青年一代的。”习近平同志饱含深情的青春寄语，也从另一个角度点出：“这一代青年”呈现的气质风貌，关系中国梦的内容和实现。

那么，今天的青年一代究竟有哪些群体性特征？

人民网近期作了一个“青年价值观调查”。调查显示，青年群体自评与非青年群体他评，差异大于共识。这是个有趣的、也值得思考的现象。我以为，认识当代青年，不能脱离他们的成长环境。当代青年身上，差异也好，特点也罢，无不与时代背景息息相关。

这一代青年成长于国家和社会的转型期，自出生起便感受着市场经济的文化氛围，价值观自然会对上一代人观念构成挑战。他们往往会更多地从自身需要出发看问题，的确比较“现实”，但我不认为这是“功利”，因为这其实是市场经济下的生活需求。

我注意到，很多调查结果都表明，大多数青年选择家庭幸福、事业成功和奉献社会有机结合的人生价值取向，这说明他们的进取意识建立在务实成功观的基础上。当代青年的进取心与快速发展时期的阶段特点密不可分，他们的发展要求会比发达国家同龄人更为迫切。

改革开放的环境、多元化的信息渠道也拓宽了当代青年的视野，增强了青年独立性。青年形成自我判断的能力越来越强。开阔的视野使他们更愿意相信通过自己观察所得出的结论，对与自己有关的公共事务有强烈的参与愿望。

就青年承受的压力而言，更多来自于感觉的差异。当代青年面临求学、就业和组建家庭的三大社会化任务，由于处在一个竞争激烈的时代，面对缴费上学、自费买房、自主择业的现实环境，普遍面临较为沉重的压力。每一代人年轻时都承受过压力，但当代青年的这种压力，唯青年群体方有切肤之痛。

如何评价当代青年？我以为，首先要看整体和主流。当代青年总体是向前发展的，他们有这样那样的缺点和不足，但我们应看到他们在民族大义、国家利益、社会公益等方面的共识和行动，看到他们在学业上艰苦求索，在职场上努力打拼的身影。

其次，还要看他们关键时候的表现。生活在这个时代，他们忙于自己的学历、房子、车子、位子，只要合理合法，就无可厚非。但是，在关键时候，他们必须能够站出来担起重任。只有这样的青年，才是有希望的一代。而我们看到，在汶川大地震救援现场、在奥运火炬传递现场，当代青年正是如此。

“五年就是一代人”，人们经常对“看不懂”的青年这样感叹。技术的更新、工作的繁忙、思想的距离等都造成了社会与青年之间的隔膜。应该更多地主动贴近青年，研究青年整体利益诉求。党和国家的责任和目标，是要努力把文明、进步、繁荣体现在每一个人身上。年轻人则需要更多的、特殊的关注、关心和关爱。因为他们不仅是人民中的重要组成部分，我们国家和民族的未来也寄托在他们的身上。

（2013年5月10日《人民日报》）

补齐青春短板　焕发灿烂年华

▲朱　磊

生于改革探路期，适逢社会转型期、改革攻坚期——毋庸置疑，1980年以后出生的青年，青春注定不平凡，这一群体也注定饱受争议。

“过于现实”、“缺乏责任感”、“精致的利己主义”……悲观者，如此评价；“有个性”、“有主见”、“独立的一代”……乐观者，如此赞扬。于我而言，以一个咬着青春尾巴的“80后”的视角，这些正讲述着青春故事的青年人，身上既有明显的长处，也存在不容忽视的短板。

在这个经济、社会、信息、科技等各方面高速发展的时代，“80后”、“90后”有着远超前几代人的学习领悟能力。伴随着价值观的日益多元、个性的解放与话语权的获得，个体对具体事物、社会现象的看法不再千篇一律，表达自我观点的欲望空前强烈。他们敢想敢做，敢做敢当，充满锐气。

而另一方面，由于承受学业、事业、生活等方面的压力，一些人把满足个人利益、个体需求摆在了第一位，让信仰、理想、追求、梦想在现实面前低头。在这种背景下，很多人面对挫折的心理承受力、面对困苦的耐受力、面对目标的执著力、面对选择的决断力等等，都明显欠缺。

“80后”、“90后”很多都是独生子女，万千宠爱集于一身，也就意味着万千关注集于一身。这些年轻人的耳朵里，难免回响着长辈们“想当初我们怎样”、“如今你应该怎样”的教诲，这无形中也增添了大家对于青春、对于未来的迷惘。

面对困惑，是“扬长避短”还是“补齐短板”？勇于选择后者无疑是明智的。因为无论时代如何变迁，社会变革怎样日新月异，青春昂扬向上的朝气永远不会过时，追求美好的状态永远不会过时，不惧风险、追求卓越的心态永远不会过时。只有正视短板、补齐短板，才能为青春护航，让美好年华焕发出更为耀眼的光芒。

不久前，我参加了大学毕业10周年聚会。与上学时一样，大家彻夜长谈，话题涉及事业、爱情、生活，无话不谈。10年的岁月磨砺，让每个人的理念、思想有了很大不同。但回望走过的青春路，大家却有着相同感觉。当青春转身，将美丽的背影留给我们时，多少都留下了遗憾。反思这些遗憾，不止会感叹命运弄人，也会假设：如果当初多增加一些阅历、多阅读一些经典、多坚守一份执著，少一些电脑游戏、少一些逃课睡觉、少一些精明世故，也许今天大家回忆起过往的青春时，可以笑得更从容、更开心。

不过，同学们对于生活仍然充满期许，对于未来依然信心满满，笑言要过好“后青春时代”。而晚于我们出生的年轻人，他们正在为青春而努力。很多人积极利用社会实践丰富自我，不少人的脚步已经遍布世界各地，其阅历与视野无与伦比，一些人甚至已经在社会崭露头角。对于处在青春进行时的青年，善意的警醒固然重要，过来者的经验教训更值得借鉴。

“题诗寄汝非无意，莫负青春取自惭”。面对终将逝去的青春，我们以什么方式给它画上句号，就会用什么方式开始新的未来。只有补齐青春的短板，才会迎来无悔的明天。

（2013年5月16日《人民日报》）

山外大学山巅梦

——北师大岩口支教队队长朱启平的青春故事

▲王斯敏

朱启平的家，在遥远的贵州省毕节市大河乡岩口村。

有多远？坐火车、乘大巴、换中巴、爬两座山，每次从北京回家，都要3天。

朱启平的梦，一直藏在这连绵的大山深处。

什么梦？做个好老师，把知识和信念带回家乡，让孩子们看到大山外的精彩世界，走出大山。

出山去，上大学！正是这个信念，撑起了少年朱启平的精神与脊梁。在贫寒的童年里，在艰难求学路上，他也曾动摇，也曾迷惘，但以信念为北斗，他总能在关键时刻校正方向，不再迷途。

2009年，朱启平考取北京师范大学免费师范生。4年来，他一边求学，一边圆梦——大一暑假，他组织支教队回到岩口，在当地唯一的民办小学义务授课。此后每年，他们都如约而至，还把“北京师范大学暑期实践基地”建在了这所仅有1名老师、60多个学生的村小。“每次20多天课程，我们能给孩子的主要不是知识，而是爱，是信念，还有希望。要让孩子们知道，除了工地，大山外，还有个地方叫大学。”

今天，毕业在即的朱启平谢绝了省会重点学校的邀请，回到毕节市执教。他说这是他刚答完的人生第三道考题。“自我牺牲？不，是在最需要我的舞台上发挥最大的价值。”他笑着说，眼中满是自信。

第一道考题：辍学？读书？

家里无力负担学费。即将升初中的他下定决心：绝不辍学。自己赚钱，也要读书！三次高考，他成了梦想中的师范生。

一座低矮破败的泥草屋，默默蹲守在小径尽头。

直到2010年，这仍是朱启平一家人的居所。等到乡里危房改造，他家才最后一批搬进了砖房。

朱启平早已习惯了贫穷。村里没有公办小学，他一二年级在私塾度过，此后便每天往返十几公里去邻村读书；2007年前全村不通电，作业只能在油灯下完成。挣扎到小学毕业，家里再也负担不起3个孩子的学费了。

“去打工吧？”弟弟无奈。他却不吱声。

绝不辍学。自己赚钱，也要读书！执拗的小启平只身来到乡中学，开始了自力更生的日子。住不起宿舍，就以帮干农活、做家事的代价借住在远房亲戚家。刻苦攻读之余，他上山采野菜、摘杨梅、挖药材，一分一角地攒学费。

初中毕业，他考取毕节一中，却因学费太高不得不转读毕节地区民族中学。

又是一段更苦的打工生涯。寒暑假和周末，他常饿着肚子四处奔波，刷盘子、挖土方、做搬运、发传单、卖玫瑰花……然而，学习一刻也不曾放松。深夜灯下，他一道道解题、一页页背诵，顾不得浑身酸痛，忘记了辘辘饥肠。

他时常畅想自己的人生路。长大了做什么？打小，他便梦想当一名私塾先生。多年艰辛求学，令他感受到教书育人的神圣。

2007年5月，喜讯传来：免费师范生政策将于当年实施。仿佛一束阳光照亮心灵，即将高考的他瞬间作了决定：报考北师大，去首都读书，当老师！

没曾想，一考便是3年。前两次，他以不小的分差分别被贵州大学、黑龙江大学录取。他不甘心，均很快申请退学。

难以割舍的教书梦，始终在他心头萦绕。

他决心最后一搏。常年超负荷打工影响了学业，唯有专心复习，才有望成功。然而，学费何来？幸好，毕节兰苑中学知道了他的故事，愿意接纳他免费复读。

2009年7月，盼了太久的捷报终于传来：他以全市文科第一名的成绩，被北师大历史学院录取。

拿着录取通知书的手抖了又抖。两串隐忍很久的泪，终于泉涌。

第二道考题：经商？从教？

学业的差距、语言的障碍、成功的诱惑，一度把他拉进灰暗世界。挣脱了经商梦和抑郁症的困扰，他在讲台上找回成就感。

圆梦后的第一件事，不是庆祝，而是加紧打工——不仅为自己，也为弟弟。3年前，辍学多年的弟弟被他劝回学校：“书必须读，钱我出！”

2009年9月，他把暑假赚的4000元钱留给弟弟，自己揣着200元，奔向新天地。

然而，压力与迷惘很快袭来。

一方面，大都市的赚钱机会数不胜数，每走一步都充满诱惑。

另一方面，学业和人际交流却遇到了瓶颈——首先是普通话。一口浓重的贵州方言，使他无法和别人顺畅交流；其次是英语。高一才接触英语，没上过正规的听力、口语课，大一分班考试，听力只考了8分。

自卑啃噬着他的心：我究竟是不是做教师的料？走其他路是否更容易成功？有师兄开公司，劝他入股。几番权衡，他动心了，咬牙把3000多元积蓄倾囊投入。

班主任王秀丽看出了异样，苦心劝导："人生路很长，为眼前利益放弃长远目标的短视行为，到头来得不偿失。"学院也为他安排了勤工助学岗，尽可能保障他的生活条件。

朱启平被触动了，开始专心学习。不会普通话，就拉着室友"陪练"；英语太差，便买来幼儿英语、音标卡片、听力磁带，从头学起。

"他成了我们班最刻苦的一个，每天起早贪黑地学。好多次听见他在操场上大声读英语，课间也躲到走廊上一遍遍念。"室友何进军记忆犹新。

大一暑假，他摸索着组织起了支教队伍，成功完成了为期20天的支教活动。

然而，等待他的却是更加严酷的考验。大二一开学，打击接连而至——虽然苦读英语，期末考试听力仍未过关；综合测评成绩靠后；参股公司倒闭，数千元投资化为乌有……他沮丧至无法自拔，到医院一查，竟患上了抑郁症，甚至一度失去生的勇气。

其后，便是大半年住院治疗、休养的日子。

强者之所以强，不在于从未跌入低谷，而在于能在谷底积聚能量，重新攀登。朱启平开始了痛苦而深刻的自我剖析反省。他如饥似渴地读书，反复思考生命的意义，并写下长达数万字的日记。

长期积压的不良情绪被一层层剥离，一个真实的自我渐渐坦露出来。究竟什么是自己所需要的成功？梦想和金钱，哪个更重要？他发现，自己时常梦回支教的日子，只有那些站上讲台、走近学生的片段，才能让他感到快乐、宁静与充实，而关于金钱的回忆，往往伴随着痛苦。

认清了自己，他渐渐振作。在病房里，他和两名高中生、一名初三生组成了“学习小组”，互相鼓励、共同提高，新的支教计划也被提上日程，一遍遍细化、修改。

新学期开始，走出阴霾的他回到校园，继续逐梦。

第三道考题：大都市？小县城？

3年支教成效渐显，他愿做永远的支教“编外队员”。省会中学伸出橄榄枝，他却选择了毕节：那里离大山近些，更需要我。

又是两度花开花谢。当第四支支教队即将组建的时候，朱启平来到了人生的又一个重大关口——择业。

他把求职申请投给了毕节一中。同学们有些惊讶——以朱启平的实习成绩，他若想留在贵阳，应该不难。

的确不难。大三上学期，他赴贵阳一所重点高中实习。一开始，学生们对这位其貌不扬的小老师多少有些轻视，可半个月过去，便被他的认真与友善征服了：改作业，他耐心圈出所有错漏，还写上大段大段贴心的评语；讲试卷，他打通所有知识点，梳理出清晰的主脉络……最后一次班会，他播放岩口支教的视频给大家看，并恳切地讲述了自己的故事，勉励学生们“为了梦想，永不放弃”。

学生们感动了。他们把心里话写在贺卡上、留念册里，满是祝福与不舍：“你是我遇见的最刻苦、最认真、最坚强、最善良的人，我正学着你，像你一样奋斗，像战士一样。”“要自信，虽然你的普通话不太标准，但我们爱你。”“在你身上，我看到了自己丢了的吃苦耐劳和勤奋努力”……学生的拥戴是最好的推荐信。然而，他没有去接学校伸出的橄榄枝。

因为，毕节有岩口小学，有他亲手开辟的支教基地。在毕节一中，他可以常回岩口，为大山里的孩子们当永远的“编外队员”。

2013年4月18日，记者随朱启平回到岩口村。迢迢山路后，映入眼帘的是一座朴素的二层小楼——“官代河小学”。

这是岩口村第一所公办小学，不久前刚完工启用。原先那所民办村小的孩子们都随着老师梁正雄迁到了这里。见到朱启平，梁老师乐呵呵地报喜：“多亏你们和政府沟通。新学校修起来了，马上还要修球场、食堂。老师增加到了3个，学生也蛮多，就等你们来了！”

朱启平连连点头，满心感慨。

他想起2010年首次支教的情形。那时，岩口小学的校舍还是三小间破旧的石砌房。没有桌椅，就用长木板架在石头上充数；没有电灯，一到阴天连黑板都看不清。队员们住在同样简陋的小屋内，忍受蚊虫跳蚤的叮咬，忍受3个星期不能洗澡的煎熬，忍受没有网络没有电视的夜晚。然而，看到精心准备的课程受孩子欢迎，看到家长们对新老师如此信赖，听到学生们时时哼唱着自己教的歌，他们倍感幸福。

只有支教队员们知道，朱启平为这一切付出了多少心血。

头一次组织支教，为保万无一失，他花一周时间自费回乡调研，把路线、食宿等事项摸得清清楚楚，还和毕节市城关区教委、大河乡政府、梁正雄老师进行了充分沟通。

他牵头建章立制，招募队员时严格考核，组建队伍后定期培训、试讲、修改教案，还要求队员们随时总结交流。

怎样讲课孩子爱听？教些什么作用最大？他一次次和队员们探讨，恳切地阐述观点："关键是让孩子们爱上学习。我们不仅要丰满他们知识的羽翼，更要唤醒他们渴望飞翔的雄心。"

为开阔山里娃的视野，他们多次为岩口小学募捐图书，朱启平自掏腰包购买的就达2000多元。在他们的感召下，北京银行等爱心单位答应为学校捐建图书室。

义务教育课程标准、英语语法、法律知识……他们对梁正雄老师进行了多方面培训，帮助他提高水平。

家访和调研每次必不可少。朱启平带着队员们挨家挨户地走访，摸清了岩口村的教育状况，还成功地打消了几位家长让孩子辍学的念头……

一切努力，都是为了让支教活动制度化、常态化、规范化，让爱心和智慧永远传递下去。

站在校门口，朱启平谈起了对未来的规划。

"毕节需要好老师。我将在这里为新的梦想而战：边认真教书，边在职修读硕士、博士。再过几年，我的学生会成为这片土地上最饱满的种子，长出希望，长成栋梁！"

一阵欢呼响起。刚下课的学生们发现了他们的朱老师，雀跃地向他跑来。一双双小手勾住他的脖子，搂住他的腰，抱住他的腿，不愿撒开。他蹲下去，揽住孩子们，脸上漾起了阳光一般的笑。

这正是他梦中的样子。

（2013年5月2日《光明日报》）

田百春的援疆梦

▲王逸吟　王　瑟　洪英伟

田百春与新疆有约。

北京。刚住进医院的时候，他心情急迫："医生，来个痛快的，尽快给我手术吧！我还要回去援疆！"

病情严重，不能手术。"援友"们带着沉重的心情来看望，他呵呵一笑："我已经学会了和癌症交朋友，学会了和它共存共生。"

他和人们约定，等到春暖花开的季节，要重回新疆，回到兵团日报社。

抗争了一年零两个月，死神没有放过他。2013年3月21日凌晨5时，田百春永远地离开了。这一天，离他48周岁的生日只差不到一个半月。魂牵梦萦的新疆，回不去了。

求是杂志社工作9年，借调香港10年，援疆5个多月……追梦的旅途上，田百春划出了一道清晰的人生轨迹，留下的，是共产党员的本色和知识分子的情怀。

结缘新疆

田百春第一次到新疆，是1988年。

那年，刚从北京师范大学历史系毕业进入中国革命博物馆工作，他就与同事到西北出差。

他们不坐火车，专门搭长途汽车向西进发。“当年与我们一路同行的，有一些少数民族群众。他们说什么，我们听不懂，但从其手势和眼神中，我们感受到的是友好和善良。”“那一刻，我进一步理解了，为什么人们都说不到新疆不知道中国之大，不到新疆不知道中国之美。”多年以后，田百春在一篇文章中说，新疆是自己梦想开始的地方。

1992年，田百春调到求是杂志社，成为了一名理论宣传工作者。他先是在哲学历史编辑部工作，后来又到了政治理论编辑部。

“百春的史学底子好，政治理论水平也很扎实，很快就成了我们部里的笔杆子、台柱子。”当年政治理论编辑部的同事们充满深情地说。

那是田百春的“高产”时刻：他编发了《评“东

亚战争史观”》、《抗日战争的国际环境和世界意义》等文章；完成了《河南省南阳酒精总厂调查》；为迎接香港回归，主笔写作了《百年盛事，共创美好未来》的评论等这些作品或被新华社转发，或被《人民日报》摘登，在理论界、学术界产生了积极影响。

1999年7—10月，田百春和时任求是杂志社办公室副主任的朱铁志以及其他两位同志一道，被抽调到杂志社“三讲”办公室工作，主要任务是起草讲话、编写简报和信息。那是一段异常忙碌的时光，通宵不睡觉是常有的事。“但小田从来没有发过牢骚，没有一句抱怨，只是踏踏实实地干工作。他的敬业精神是超常的。”朱铁志说，这段时间里，他和田百春亲密合作，结下了兄弟般的情谊。

田百春又一次到新疆，是2001年。那年，他陪同时任求是杂志社总编辑王天玺到新疆调研，来到了生产建设兵团农八师所在的石河子。

“我无法想象，从王震将军当年率领兵团战士在荒漠中安营扎寨、开荒种田，到建成一座座环境优美、设施完善的现代化宜居城市，兵团人付出了怎样的艰辛，作出了多么大的牺牲！”田百春萌生了一个想法：将来要与兵团人共同生活、战斗一段时间。

回到北京后不久，田百春借调到中央政府驻香港联络办公室工作，一去就是10年。10年间，他曾几次带着香港新闻界的朋友到新疆采访考察。工作的地方离新疆更远了，去新疆的想法却更强烈了。

执著梦想

2011年2月，田百春结束了驻港生涯，回到北京。无论是他工作过的求是杂志社哲学历史编辑部还是政治理论编辑部，都有了很大变化，老朋友朱铁志也已经担任求是杂志社副总编辑、机关党委书记。

田百春被任命为求是杂志社所属红旗文摘杂志社总编辑。

4个月后，求是杂志社接到援疆任务，田百春毫不犹豫报了名。

“怎么刚回来就要去援疆？从家庭角度说，你对妻子女儿亏欠了10年，该补补课了；从单位角度说，我们不能盯着一个同志反复往外派，不能这么做事情！”朱铁志有些激动，他的意见也是杂志社社长李宝善的意见。

同事们感到不可思议。

田百春的家就住在求是杂志社大院边上。无数个早晨，人们看见田百春的妻子拎着书包、穿过院子送女儿去上学。10年，新媳妇熬成了中年妇女，小女孩长成了大姑娘。好不容易回来了，却又要去援疆。有人说，真不知田百春是怎么想的。

河北老家的老母亲也生气了："香港一去就是10年，看看你家像个什么家样啊？好不容易把你盼回来了，怎么又要走？"

田百春摆出3条理由："第一，对新疆有感情，在香港时，就带着记者去新疆和兵团采访过；第二，对新疆历史和文化感兴趣，已经积累了几万字的文字材料，想写一本关于新疆的书；第三，我是学历史的，深知新疆的特殊重要地位。我一直有个愿望，想到新疆工作几年，想为边疆发展、民族团结做点事。这对我来说，是一次非常有意义的人生经历。"

妻子深知，丈夫是个理想主义者。她试着和丈夫商量，女儿马上就要上高三考大学了，能不能等女儿高考完再去？

"错过这一轮援疆，还要再等3年，趁还年轻，这次就让我去吧。女儿高考就让她考吧，要相信女儿的能力，没事儿。"田百春说。

为援疆这件事，分管人事工作的朱铁志正式和非正式找田百春谈过多次。一次，两次，三次，还是要去。不仅如此，他还给李宝善写信，郑重地表达了去援疆的坚定决心。

朱铁志心里明白，田百春下了决心，拦不住了。

援疆圆梦

2011年8月，田百春梦想成真。

他成了一名真正的援疆干部，任新疆生产建设兵团党委机关报兵团日报社党委委员、副总编辑，分管报纸改版、发行、广告工作。

从繁华的香港来到偏远的新疆，田百春犹如一个战士。他奔波的脚步不曾停留，他的认真严谨也给人们留下了深刻印象。

对报纸改版，他强调："深度报道，要策划先行，打有准备之仗。"

"走基层的稿子虽然短、小、快，但立意要高，可以做深、做透、做广。"

到兵团不到两个月，他就发表了近6000字的长篇通讯《回望天山——一位将军的兵团情怀》。这篇报道以一位将军的视角，回顾和提炼了半个多世纪以来伴随着新中国屯垦戍边事业开篇而诞生的兵团精神及其时代价值。他写道："兵团精神的存在，代表的是一种正气，而正气本身是有感召力的。时代发展了，社会进步了，我们生活好了，但兵团精神丢不得。"

文章刊出后，屯垦戍边事业第一代战士、兵团原副政委李书卷给予高度赞赏。他热情邀请田百春到自己家里做客，一定要认识一下这位不简单的军垦“新兵”。

仅仅4个月，田百春的足迹遍布兵团5个师。出差回到房间，一杯水，一个馕，翻阅一堆堆材料，他在灯下奋笔疾书。完成稿件后，他会热情地拿给同事看，谦虚地征求大家意见。4个月里他发表作品超过2万字，平均每个月要写5000字。

2011年十一长假后第一天，田百春就来到办公室。同事问他：“听说你女儿要高考了，怎么没有多陪女儿几天？”

他说：“报社人手紧，任务重，大家手头上都有自己的工作，如果我不在，就会增加别人的工作量。”

他就是这样，总是为别人考虑。其实作为父亲，田百春怎能不惦记女儿呢！在基层采访的日子里，他每天都会打电话询问女儿的学习情况，还通过电子邮件给女儿讲解习题。

在求是杂志社总编室副主任于波眼中，田百春是一个顾家的人。“我们俩的孩子差不多大，他教育女儿总是以商量的语气，透着慈祥。”于波说，“只是他知道，家庭之外还有更大的责任和使命。”

“没有人要求我们别离妻子、远赴他乡，我们主动申请，甚至竞争上岗，千里迢迢来到这遥远的地方，只是因为，一个使命在心中激荡。”

这是田百春创作的配乐诗朗诵《我们来援疆》。援疆干部们喜欢互称“援友”，2012年元旦的援疆干部迎新年晚会上，这首诗被搬上舞台，一时间在“援友”中广为流传。

家 国 大 爱

田百春的病早有迹象。

兵团日报社办公室主任刘江，经常听到田百春咳嗽；工作人员清理办公室，常常发现田百春的废纸篓里有带血丝的纸团。大家劝他去医院好好检查，他总说没事，就是感冒咳嗽。

有一次感觉实在不行了，田百春才告诉刘江，兵团医院发现他肺部有阴影，情况不是很好，医生要他必须回北京检查。

兵团日报社决定让田百春回北京治病。田百春于是给求是杂志社人事部主任荣琪拨了一个电话，讲明了情况以后，他问：“你说我是回去还是不回去？”

“我心里真是非常难受。我对他说，身体是第一位的，北京的医疗条件比新疆好，你赶紧回来查一下，如果查实没事儿，你再回去。”荣琪回忆说。

其实那时候，兵团医院已经基本确诊，田百春患的是肺癌晚期。

2012年1月12日，田百春一下飞机就被送进了医院。在家家户户迎接春节的日子里，妻子等来的却是丈夫患重病住院的消息。

病房里的田百春乐观得可爱。医生想把他支开，叫家属来看片子，他却说："就在这里看，我是唯物主义者，不怕。"

癌细胞包围了血管，不能手术。他笑道："我已经学会了和癌症交朋友，学会了和它共存共生。"

有一次荣琪来看望，刚做完化疗的田百春竟开起了玩笑："你看，刚理完头发，成光头了！"

身在病房，他的心却惦记着新疆，惦记着兵团，似乎压根儿就没觉得自己是个病人。兵团日报社来人看他，他反复叮嘱：报纸改版后应开设援疆专栏，发挥党报的优势；求是杂志社的老朋友来探望，他滔滔不绝地谈起在兵团采访的见闻，让大家提意见；人们给他捐钱治病，他一转身就买了3部照相机、5支录音笔，托人带给兵团日报社，改善记者的采访条件……就连医生都说，他的身体和精神状态好得超出预期。

"田百春，你在援疆楼的房间已清扫干净，你交代的几大摞书也打包好了，我们在等你啊！""援友"们常常捎去问候。

田百春紧紧握住"援友"的手："我很想念援疆的战友们，转告大家，我一定会回去，我觉得在兵团日报社还能做很多事儿。"

母子连心。田百春病重的消息传回老家，老母亲一病不起，2012年11月去世。怕影响他治病，家人想方设法瞒着他这件事。仿佛有心灵感应，2013年春节，孝顺的田百春执意要回老家一趟，谁都拉不住。寒风中，他在母亲的坟上坐了很久……

春节过后回到北京，田百春的病情急转直下，总是咳血、喘不上气。看着闻讯而来的老朋友朱铁志，他支开家人，喘着粗气交代了几件事。他说，生病以来各级组织和单位给予了我无限的关爱，表示感谢；他还说，一旦自己不在了，希望一切从简，不搞遗体告别，不开追悼会、追思会，不给单位添麻烦；他郑重提出，自己的很多器官都不行了，但角膜可能还是好的，希望可以捐给需要的人。

2013年3月20日，春分，北京大雪。

这天上午，朱铁志把田百春的妻子梁文欣约到办公室，谈了田百春捐献角膜的事。临走，他再三嘱咐，一旦田百春不行了，一定要告诉单位，“不要自己硬扛”。

没等到办理捐献角膜的手续，就在这天夜里，田百春的病急剧恶化。3月21日凌晨5点，他永远地离开了。

朱铁志得知这个消息，已经是两天以后。梁文欣和家人默默地办完了后事，才给朱铁志发了一个短信。正如田百春生前希望的那样，没有给单位添麻烦。

这些年，朱铁志送走过求是杂志社退休的老同志，看到他们安详地离去，他心里很欣慰。“但小田这个事儿，我没做到。同事一场，最后都没有送他一程。”

按照遗愿，田百春和他的岳父岳母葬在了一起。“有生之年没有好好陪老人家，走了之后就陪陪他们吧。”这是他对妻子的交代。

2013年的春天，田百春失约了。

这个学历史出身的人，把心交给了梦想，把生命托付给了事业。他对祖国边疆的痴迷，成了一种执著，一种追求，一种力量，一种超越个人得失的豁达与大爱。

（2013年5月7日《光明日报》）

邹学忠：用“脚”绘出辽宁古树分布图

▲毕玉才　刘　勇

硬封皮、大16开、51万字、380页……邹学忠捧出这部《辽宁古树名木》来，沉甸甸的。

这部书花了他7年时间，发动150余人，行程35000多公里，跑遍辽宁14个市100个县区。搞清了全省42500株古树的大致分布，记载了典型树木的树龄、树高、胸围、地围、冠幅、科属、长势和GPS定位信息，填补了全省空白。

“古树名木是一个地域政治、经济、文化、生态的‘活史料’。”邹学忠说，“虽然水草丰美的辽南地区古树种类丰富，但是树龄最大、国家特级和一级古树最多的却是如今十年九旱的辽西地区，可见古树调查对于今天的生态建设具有多么迫切的现实意义。”

大家越普查，就越有一种紧迫感

邹学忠现在是辽宁林业职业技术学院党委书记。“1999年，我还在林科院当院长，日本鸟取大学教授小笠原隆三送我一本《日本老树》。当时我就想，辽宁也应当有这样一部书。后来，我来到林职院做院长，恰逢国家绿委要求各省做古树普查，于是和园林专家李作文一拍即合，承担了这个任务。”邹学忠感叹，“没想到，这一跑，就是7年。”

普查小组组长由邹学忠担任，成员由省风景园林协会和各市县林业局领导组成。清查队伍主要由林职院专业教师组成，共21人。

“这7年来，我们几乎没休过寒暑假，放弃了许多课余时间。”林学系主任雷庆峰告诉记者，有一次进山，碰上大雨，徐毅老师大脚趾被树茬割开，仍然坚持到最后；李晓黎、杨兰两位女老师孩子都小，经常是含着眼泪，跟孩子告别。

“为什么大家能坚持下来，因为大家越普查，越有一种紧迫感。”邹学忠告诉记者，岫岩县有一株千年槲树，2006年我们初次拜访时，还枝荣叶茂；第二年拜访时，只剩下一个主枝有生命迹象；第三年再去探望时，就成了一株孤立于荒野的标本了。“那一刻，每一个队员都心如刀绞，仿佛失去了一位至交。”从此以后，邹学忠时不时就会和人提起这株老树的故事，一是提高队员们的责任感，二是为了提高公众保护古树的意识。

在鞍山市千山无量观山门西，队员们发现一株古树。翻阅《辽阳县志》，上面记载“观西有巨石如砥，无土无罅，上生一松，根入石中，遇风则摇摇欲倒，有弱不可经风之意，殊令人怜”，故称“可怜松”。“可怜松”有百余年历史，虽饱经风霜，依然傲立于悬壁之上。清代诗人蓬莱子曾有诗赞：“莫把岩松号可怜，空山涵养已多年。频看乔木摧金斧，是彼直成地上仙。”

“寻访古树，对于队员们来说，也是一个受教育的过程。我们正是用古树的精神，顽强地坚持了下来。”雷庆峰告诉记者。

古树名木不仅装点人们家园，而且滋润百姓心田

7年时间，山林、村头、庙宇内、古道边、山之巅、水之畔……到处都留下了普查队员的足迹。一株株孤立于山间、隐匿于野寺、沦落于村头的老树，面对久违的知音，开口絮说尘封经年的往事。

位于抚顺新宾满族自治县、见证了老罕王努尔哈赤率兵出征萨尔浒的“启运树”；位于铁岭龙首山，

目睹过周恩来总理在树下读书的“双龙盘松”；位于鞍山台安县、陪伴过少帅张学良度过童年，又慰藉过晚年张学良孤苦灵魂的“少帅枣”……这一株株躲过战火的洗礼、牛羊的饕餮，刀斧的砍伐、灾异的虐害，奇迹般穿越时空的古树，不仅点缀和美化着都市村屯、道路宅院、山野园林的环境，也滋润着当地百姓的文化生活和精神世界。

许多古树上都系满红布条，一些村民还自发修建庙宇庭院、筑台修栏保护古树。百姓对古树的崇敬和爱戴，让普查队员们对自己的付出充满了欣慰。

在朝阳黑牛营子乡炮手营子村，有一株侧柏，没有人知道它栽植于何年，只知道它在爷爷的爷爷年轻的时候就已经存在了。邹学忠率领队员来到现场，当即被古树雄浑的气势所震撼，他曾在国内外考察过无数古树，但在辽宁还是第一次见到如此有王者风范的古树。经过与其他专家共同测量、评估，最终判定这棵侧柏树龄至少有2000年，堪称“东北树王”。此消息一经传出，游人纷至沓来。“东北树王”成了远近闻名的旅游景点。

在葫芦岛市黄土坎乡管家沟屯，有四株千年古树。有一株能同时看到柏叶和松树针叶，此谓奇一。奇二，站在树下某个角落仰望，枝叶缝隙露出的天空，居然是中国地图的形状。村民李宝良一家祖孙四代，接力保护古树；他9岁开始接管古树，至今已经48年。灌水、施肥、打药，经年不断。村民们还在古树旁修建了寺院，筑起围墙。古柏穿越千年，至今仍然苍劲挺拔。

普查只是起点，最重的任务还在后面

“树种是影响树龄的决定性因子，土壤、气候、人为等因素是影响古树树龄的外部条件。”邹学忠说，我们主要是根据测树仪和已存在的树干横截面计数年轮，辅以查阅史料记载、走访当地主管部门和群众。对于那些树龄较长、存留稀少、弥为珍贵的古树，用测树仪测定树龄恐怕影响其生长，则依据古树长势、并与相似环境条件的同种古树对比，估测其树龄。按此方法，我们普查出辽宁有千年以上的古树39株，500年以上1000年以下的古树73株，300年以上500年以下的国家二级古树151株，100年至300年的古树304株。

尤其令人欣喜的是，队员们还发现了30多个古树群，有古树41933株。其中一个古树群，就有古树2000余株。

“普查，只是古树保护的起点，最艰难的保护工作还在后面。”邹学忠向记者例举了古树衰老死亡的几个原因：一是缺乏相关的保护管理法规，导致古树管理责任落实不到位；二是异常和极端的气候变化，如雷击、雪灾、风灾、旱灾、水灾等自然灾害，造成古树树干折断、劈裂和倒伏；三是土壤板结、透气性差、微生物活动减弱，各种营养元素得不到及时补充，影响了古树正常的生理代谢；四是人类频繁的侵扰，在古树下堆柴草垛、搭建棚舍饲养牲畜、滥用除草剂等，也对古树保护构成极大威胁，甚至有人人为地盗伐古树。

为此，邹学忠呼吁：在宏观上，建立健全古树名木资源保护的组织机构，出台古树保护管理法规，设立古树保护专项资金，制定全省古树名木资源保护技术标准；在微观上，除了普查建档外，还应对所有古树编号挂牌，对树龄500年以上的古树设立围栏、修补树洞、支撑加固、设立避雷针；对长势衰弱的古树进行换土、施肥、树干疗伤、树洞修补、埋条促根、喷施或灌施生物混合制剂；日常养护管理方面，加强对古树进行灌水、松土、施肥、防治病虫害等日常工作。

（2013年5月13日《光明日报》）

中关村里“追梦人”

——一位“80后”的创业故事

▲杨　颖

1988年出生的施凯文目前是一家音乐科技公司的CEO。短短的一年半时间，他和团队开发的音乐推荐产品“Jing”的网站和移动版本已经正式上线。现在，他已经获得了千万元数量级的融资。如果进展顺利，在他26岁的时候，公司就可以上市了。

“通过语言描述来搜索歌曲的需求是我们首先发掘并做出产品的，国外还没有出现过。”说起他们的创新之作，施凯文十分骄傲。打开Jing.fm网站，没有“流行”、“古典”等传统标签，你可以在搜索条件里敲入“和男友晒太阳听的歌”、“充满回忆的安宁之夜”之类的“怪句子”，网站就会自动给你挑选出歌曲。这种变化看似简单，其实后台要做大量自然语言分析、音乐频谱识别等工作。“我的梦想就是让每一首音乐都被人听到，重新创造音乐存在的价值。”施凯文说。

从施凯文的身上，能感到一种信念——作为一名中国的创业者，也一样有创新的能力，做出颠覆性的产品来。

不过施凯文的追梦之路并非一帆风顺，这已经是他第4次创业了，“我一直在探索音乐产业化的模式，碰了不少钉子。”

最让施凯文痛心的是2009年第3次创业。当时风险投资是科技创业的稀缺资源，愿意投资小企业的风投很少。他在没有多少挑选余地的情况下找到了一位天使投资人，后来那个投资人认为投资的数额超出了预期，终于以撤资收场。由于没有钱买版权，施凯文创建的网站Saylikes遭到了灭顶之灾。“关闭Saylikes的时候我非常痛苦。我的音乐梦想就这样完了吗？”

然而经过这次打击后，施凯文又开始了追梦的新征程。“这次创业我很有信心。和前些年相比，现在的创新创业环境已经好了太多！”2008年左右施凯文刚开始互联网创业时，并没想到中国互联网、移动互联的发展速度会这么惊人。现在中国互联网用户数已达5.64亿，移动互联网用户数超过7.5亿，“整个互联网的工业水平在提高，网速越来越快。这给我们的创新创造了条件。”

从政策环境看，中国保护知识产权的环境正在改善，网络音乐付费已经成为大势所趋。这些都使得网络音乐盈利有了可能。创业服务业的快速发展，也让施凯文没想到。去年6月“Jing.fm”网站内测，一家叫“36氪”的科技媒体主动找到了他们，免费帮助他们发布。“36氪”是一种新型的线上、线下相结合的创业服务媒体，是中关村国家自主创新示范区认定的创新型孵化器之一，它也是由几个中关村的“80后”年轻人创立的。

内测发布后不久，效果立竿见影，流量飞快上升。居然还有十几家风投主动找上门来，这让施凯文喜出望外，“以前是项目到处找风投，现在是风投到处找项目”。这次创业他很快找到了一个既理解他支持他，又能拿出一大笔钱的风投。

在中关村管委会创业服务处马懿宏看来，施凯文的“没想到”却是意料之中。他说，作为全国创新创业最活跃的区域，中关村从政策、人才、金融、技术以及服务等各方面营造良好的创业环境，帮助创业者实现梦想。现在已经率先形成了“全链条”的创新创业孵化体系，尤其针对创业初期这个以前的薄弱环节加大了支持力度。

按照中关村里每10年划分1代创业者的流行说法，施凯文已经是中关村的第4代创业者了。和20世纪80年代的第1代创业者陈春先、柳传志等相比，中国现在的创新环境已经今非昔比，为无数个施凯文一样的追梦人提供了创业的机遇。现在中关村每年都有4000多家企业诞生，十几岁、二十几岁的年轻人也成了CEO，说不定新一代的乔布斯、马云们就从这里面诞生。

“有梦想,有机会,有奋斗,一切美好的东西都能够创造出来。”施凯文感到，他离梦想实现已经越来越近了。

（2013年4月14日《经济日报》）

临江小池“大城梦”

▲丁　士　郭存举

得益于国家中部崛起和城镇化发展战略，特别是长江中游城市群的发展战略，爱唱黄梅戏的湖北黄梅县小池镇过去是“一去二三里，村村都有戏”，现在成了“一去二三里，处处是工地”。

按照初步规划，三省交界的小池镇要在未来二三十年内建设成一个面积48平方公里的中等城市。小池的“大城梦”真正开始走向现实。

对于湖北黄梅县小池镇来说，每一天都是从长江边开始的：

据说是全国唯一跨省公交线的小池镇至江西九江市17路公共汽车，在晨曦中载着小池人跨过长江大桥，前往九江市上班；一趟从九江开来的长途班车则到这个小镇上下客，然后向东邻的安徽宿松县开去；更多的人骑着摩托车直接盘上九江长江大桥到对岸九江开始一天的工作。摩托车队浩浩荡荡经过离桥头不远的浔阳楼，这与当年白居易描写的“浔阳江头夜送客，枫叶荻花秋瑟瑟”的冷清真有天壤之别！

小池作为湖北东大门黄梅县的边界镇，就这样与东邻安徽和南岸的江西九江息息相通，人流物流相连。九江市在小池人眼里可是大城市，多少年来他们习惯到九江做工，为九江服务，跟着九江流行穿衣服。许多小池人的梦想是哪天变得像九江一样而过上城里人生活。开了十几年公交车的司机黄天国感受最深：“每天往来大桥两岸，九江处处是高楼大厦，道路一马平川，而小池却是坑坑洼洼，多年没看出变化。”

今天，变化已经开始。2013年4月初当我们来到这个小镇，看到的首先是工地。正在改建的湖北大道是连接九江长江大桥和黄（梅）小（池）高速的交通咽喉，项目部经理齐斌说：“修了10年路，工期从来没有这样紧张过，从2012年9月到现在，400多个工人昼夜轮流值班，从未休息过！”这种紧张忙碌的施工场面在小池镇随处可见。当地人形象地说：爱唱黄梅戏的小池过去是“一去二三里，村村都有戏”，现在成了“一去二三里，处处是工地”！

小池的变化缘于国家中部崛起和城镇化发展战略，

特别是长江中游城市群的发展战略让三省交界、九江对岸的小池镇真正“千年等一回”了。为了让鄂湘赣皖四省长江中游城市群的接合部黏合得更加紧密更强有力，湖北省委、省政府2012年下半年开始把小池开放开发升级为省级战略，进行重点开发，提出要创新工作体制机制，将小池建设成省际跨区域合作的“经济特区”。按照初步规划，小池要在未来二三十年内建设成一个面积48平方公里的中等城市。小池的“大城梦”真正开始走向现实。

小池在黄梅经济发展中一直占有重要地位。在20世纪90年代，这里就是全国小城镇综合改革试点镇。今天，黄梅县提出“一体两翼”发展战略，小池是其中重要的“一翼”。尽管如此，小池在接合部发展经济，以区域经济的眼光审视自己，确定了“配角意识”。虽然确立了“建大城”的目标，小池依然甘做九江腹地，发展规划突破了行政区划界限，明确提出要呼应九江市，实现规划一体布局、基础设施一体对接、产业一体发展、公共服务一体优化。我们看到小池中部物流园区、临港产业园区规划模型，都充分考虑了与九江产业发展的互补性。据介绍，就在前几天，黄冈市已与九江市签署协议，把小池规划纳入“大九江”城建规划中。

“小池发展要依托大城市，但不是依靠，更不是依赖。”黄梅县委书记余建堂的话表达了小池发展中抢抓机遇的决心，也体现出一种自强发展的信心。我们在小池镇显得简陋的办公楼没看到几个人，说是全镇40多名机关干部都分配了任务到一线忙去了。镇长郭昆鹏始终皱着眉头，每天都有很多事情需要他们来协调。作为省市都在抓的小镇，他们的压力太大了，累了也不免发点牢骚，但工作照样“白加黑”、“五加二”地干。湖北省住建厅王同初处长被派来负责小池规划建设，住在小池一处洗澡都没有热水的地方。这位出生在九江的处长告诉记者：小池的地理位置并不是今天才这样好的，小池的发展机遇却从来没有像现在这样好过，“我们就是要努一把劲，抓住这个机遇，赶上全面建成小康的步伐。”

他们也有苦恼。雄伟的京九铁路从高耸的铁路大桥上越过小池，但这里只有一个不怎么停车的四级小站。小池开发开放需要送人运物，现在却沾不上铁路的光；沿江一级公路拓展了小池发展辐射半径，使小镇腹地更加宽广，但修了多年的沿江公路，牵扯几个省份，总是难以步调一致，不能尽快充分使用。大城市为节点的城市群发展，怎样给小城镇建设提供更多便利，这是小池面临的现实困难，也是区域协调发展中需要考虑的重要问题。

强烈的机遇意识和省市县工作力度的加大，让小池发展的步伐确实走得有些急促。但发展的迫切愿望并没有影响小池科学发展道路的选择。发展产业是小池开放开发最紧迫的任务，但小池却把建设重点放在两个方面：一个是滨江码头，一个是生态公园。码头建设将使小池产业发展的成本降低，能充分发挥长江黄金水道的作用，5000吨级货运码头已经开始规划建设。而生态公园建设则是维护好这里环境。小池已经划出6平方公里，建设滨江生态公园，这个公园将来会拓展到11平方公里。郭昆鹏说，随着小池开放开发的加快，必将有很多企业和产业进来，我们要以一个宜居的滨江新城来迎接产业，而不是把这里建成一个大厂区。生态理念让小池的建设有了更深内涵。

次日，我们踏着正修得坑洼不平的道路，来到园区建设的繁忙现场，只见不少人在忙活。44岁的吴周涛是小池镇陈坝村村民，搞装修生意的他在外打工多年，2012年组织数十人的包工队回镇上创业。在小池家居世博园装修现场，记者见吴周涛和他的工程队员忙得不亦乐乎，来自卢列村的张广春告诉记者，现在一个月能赚5000多元，在家门口工作能照顾家，收入还稳定。吴周涛接过话茬说，近年来不少在外务工的村民都想回小池，因为家门口有了新机遇。

夜幕降临，行走在小池镇精品街，喜相逢大酒店老板王桂荣说，2012年镇上大开发、大建设以来，街上的车辆和行人越来越多，经营的酒店也从原来的两层扩建到现在的三层。在临港产业园湖北五瑞生物公司，企业负责人介绍，他们正在建设国内最大肝素类生化药物基地，打造百亿元产业园区。据介绍，2012年下半年已有6家企业进驻小池，2013年又有10个投资10亿元以上的项目正在洽谈，已有两个5亿元以上的项目签约。

小池已经是一个有着12万常住人口的城镇，小池的“城市梦”正是在这样的坚实基础上提出的。长江中游城市群的发展，为沿江小城镇发展提供了难得的机遇。小池正是搭上了这次发展的“快车”，才有了今天热火朝天的建设。

日落江边的傍晚，我们坐着17路公交车经过长江大桥。不远处就是刚刚合龙的长江二桥，两桥环护的小池成了开放开发的“宝地”。点点星火映照江面，江北小镇工地犹忙，我们不禁感叹：有梦想的人是幸福的，而实现梦想的过程是辛苦的。愿小池及许多像这样的小城镇实现“城市梦”的进程，共同成为中国梦的华彩篇章。

（2013年4月15日《经济日报》）

把中国农民的梦想撒向大地

▲杜　芳

山西省夏县胡张乡小李村种粮大户徐武学，承包了1300多亩地。徐武学下一步的梦想是要再承包2000—3000亩地，“我要让村里人都看到，国家给了这么多好政策支持农业发展，土地一定能生金，农民也能住楼房、开奔驰。不光我自己要致富，我还要带领更多的农民致富。”

徐武学的梦想其实也是千千万万农民的梦想，只要国家政策和农民愿望相契合，农民的梦想就会变成现实。

在山西省夏县胡张乡小李村，都知道有个种粮大户叫徐武学，本村承包了300亩地，又在山西闻喜县裴社乡大泽村包了1000多亩地，种植小麦和玉米。

听裴社乡乡长说，这1000多亩地吓跑了曾经投资这片地的煤老板，因为缺乏农业专业知识，无从下手，“炼得了煤锭，种不了小麦”，投资不见效益，煤老板只得抽身而去。但徐武学坚持下来，并且将这千亩农田做得有声有色。

来到徐武学的承包地，千亩麦田一片生机勃勃的绿。小麦已长到一尺高，进入拔节孕穗期，徐武学说，今年天气有点旱，这些天正在浇拔节水。随着拔节水入地，丰收的麦穗连同徐武学的梦想在这片麦田悄然生长。

徐武学家有20亩地，从10多岁开始，他就帮着家里种地。“那时候做农活苦，农民收入低。每家每户靠的是牛马等牲口，拖拉机整个村子也就一两台。农民都保持着小富即安的传统思想，只要‘二十亩地一头牛，老婆孩子饭不愁’，大家就满足了。”徐武学说。

当时的农业生产和农村生活完全不能吸引徐武学，他甚至鄙夷这种“小富即安”，20岁左右的他满脑子只有一个想法，为什么农村人就不能过城里人一样的生活？为什么农民就不能开奔驰宝马？

为此，徐武学放弃了秋收种麦割草喂牛的农村生活，外出打工，跑起了煤炭运输。这一干就是十七八年，从一台车发展到十几台车，徐武学甚至成立了自己的运输公司。

但是随着国家对污染企业的控制日益严格，传统煤炭行业前景堪忧，煤炭运输作为其中一环也受牵连，发展受到很大制约。与此同时，农村却呈现出另外一番景象：农业生产机械化正大力推广，外出务工农民流转土地的愿望越来越迫切，市场对粮食的需求不减，国家出台的惠农政策力度逐年加大。这一切徐武学看在眼里，乐在心里：农业规模化经营的时机日益成熟，新农民、新农业的时代已经到来。

2008年3月，徐武学停了公司，全力回归农业产业。他承包了村民50亩地，又将村里50亩地废弃的砖瓦窑复垦承包，作为自己试水一产的试验田。2008年6月，他又承包了200亩地。加上前面100亩地共300亩地都用来种植小麦和玉米，每亩地一年纯收入600多元，300亩一年可达18万元，规模化种粮效益初显。

“300亩不够大，我要做更大的种粮大户，我要让村里人都看到，国家给了这么多好政策支持农业发展，土地一定能‘生金’，农民也能住楼房、开奔驰。不光我自己要致富，我还要带领更多的农民致富。”徐武学说。

2009—2010年，他来到经济发展更为迅速的闻喜县裴社乡。裴社乡干部告诉他，如果是几年前，即使再出去打工，农民也会抱着几亩田不撒手。但是随着城镇化步伐的加快，农民的思想更开放，愿意将土地流转出去，现在至少有70%的村民不愿意种地而选择从事其他产业。徐武学做种粮大户的梦想找到了生根的土壤。

拿大喇叭一吆喝，大泽村的村民就前来开群众大会。你愿意包我愿意转，一拍即合，一周的时间村民就办完了签字，徐武学流转到了1144亩地。

“要说包1000多亩地，这在以前是完全不敢想象的，哪能种得过来？但是现在你看，从种到收全程机械化，1000多亩地只需要10个人管理，农忙时候也只需要20—30人。农业生产方式完全改变了，不仅省时省力，而且省钱省地。没有机械化这个前提，我要成为种粮大户的梦想肯定实现不了。”徐武学说。

“敢包这么多地，还有一个更重要的原因，国家重视农业，不断有政策出台支持农业生产，给补贴、给培训、给技术、给项目，我才有底气有信心实现自己的梦想。”徐武学说。

徐武学承包的1000多亩地原来是半旱地，因为缺水只能种植一茬小麦。2011年得益于国家的相关项目，徐武学的田地打了三口井，基本解决农田用水问题。1000多亩地从只能种一茬小麦变成可以种一茬小麦一茬玉米，而且小麦亩产从500—800斤提高到800—1200斤。

“以前种地就凭经验，这种种法没有效益，现在的农业技术也越来越先进了，拌种、测土配方施肥、地膜覆盖，一环又一环保证着粮食产量和种粮效益。”徐武学说。

大泽村党支部书记刘安平说：“有了种粮大户，粮食生产更加规模化、标准化、机械化，产量质量都提高了。”在徐武学的农田，小麦亩产量比普通农户高100斤，玉米则高200—300斤，徐武学说，自己的农田都是按照绿色产品的标准生产，下一步就要进行绿色认证。

农忙招工，市场价是每人80元一天，而徐武学给出100—120元的价格，“地多不是真正的种粮大户，带动更多农民致富才是真正的种粮大户。”徐武学梦想的种粮大户是这样的大户。2012年，小李村村民选举徐武学担任村委会主任，将跟着带头人致富的梦想寄托于这个种粮大户的身上。

徐武学下一步的梦想是要再承包2000—3000亩地，将土地经营好，为社会创造效益。“我们村现在还比较困难，但我不嫌弃它，我当上了村委会主任，今后想拿出些钱来为村里做公益，为村民谋利益。”徐武学说。

徐武学的梦想其实也是千千万万农民的梦想，只要国家政策和农民愿望相契合，农民的梦想就会变成现实。而只有这千千万万农民的梦想实现了，农业才会兴旺发达。徐武学说，“现在我这1000多亩地年收入50万元，谁能想到，国家发展到今天，单靠种地农民也买得起奔驰宝马了！以前是农民想过城里人的日子，以后说不定是城里人羡慕我们农民呢。”

（2013年4月17日《经济日报》）

实现生物医药的强国梦

▲郭文鹃

2004年召开的第234次香山科学会议是孙乐博士人生中的重要转折点。那年，作为业界专家的孙乐专程从美国飞回上海参加“抗原表位组学、抗体组学和抗体组药物”的主题讨论。

抗体是动物包括人类抵抗外来病原的免疫武器。当细菌或病毒进入我们的体内，人体就会产生抗体，给这些细菌、病毒贴上标签，引导免疫系统的其他细胞来把它们杀掉。如果有一种药可以像“精确制导”一样消灭病原体，这对疾病患者来说将是怎样的福音！

在国外，一些用于治疗晚期癌症的特异性单克隆抗体药品已经面世，疗效不错，收益可观。这次大会让孙乐隐隐感觉到，尽管国内相关研究才刚刚起步，但科研环境和市场气候都与以前大不相同。“或许是时候回来做点什么了。”会后，孙乐激动的心情久久难以平复。

于是，有了孙乐博士和两位国内权威——程京院士、饶子和院士彻夜畅谈的佳话。再后来，42岁的孙乐丢下在美国的妻儿和事业，上演了一出“千里走单骑”回国创业的故事。

梦不同，圆梦路亦不同

对于孙乐来说，创业已经不是头一遭。2000年在美国创建个人公司，拥有当时世界上最先进的鼠源单克隆抗体研发技术平台，其所创造的28天制备小鼠单克隆抗体的纪录至今无人能破。谈起辞掉公司CEO二次创业，孙乐颇为感慨，“美国梦很简单，一栋房子两辆车，我很早就实现了。可是我们这一辈人总觉得中国梦不仅仅是这样，我们希望技术能给国人带来更多的幸福。”

回国后创立的第一个企业取名“回而生”，寓意单克隆抗体技术将为患者“带来新生”，办公场地就选在母校清华大学附近的学研大厦。孙乐至今记得，创业“七剑客”拿着中关村管理委员会给的10万元创业启动资金租来一间30平方米的小屋，里面的桌椅还是从旧货市场淘来的。

艰苦的条件没能阻碍“回而生”的发展。短短2年时间里，公司抗体制备技术进步显著。单克隆抗体制备最快35天，兔多抗体制备14天，世界领先。2006年，公司获得了北京市1000万元的项目基金，改名为京天成生物技术有限公司。

梦想需要照进现实

最先让“京天成”声名鹊起的并不是单克隆抗体药物。2008年，国内手足口疫情突然来袭，严重威胁到了婴幼儿生命健康。公司利用抗体制备技术快的优势，迅速研发出了预防“手足口病”疫苗，帮助了疫情的控制。之后便一发不可收拾，每当爆发公共卫生事件，从2009年的猪流感、2010年的蜱虫到2013年的H7N9，应急研发的队伍里总少不了“京天成”忙碌的身影。

将“京天成”现有科研成果做市场性开发，企业赚钱，公众受益，现在看来是一件双赢的好事，几年前却是企业的“不得已而为之”。

生物制药行业一向以“烧钱”速度快闻名，随着研发投入的高歌猛进，公司很快感到资金的困难。由于原本预期进入的风险投资临时退出，公司最困难的时候差不多3个月发不出工资，几乎山穷水尽。

当时确实对国情了解太少，事后想起来孙乐还心有戚戚焉。

“生物制药拥有一条完整的产业链条，就好比做种子、培育苗、养成树到摘果子。可是回国后发现，只有教授在‘研究种子’，药厂负责‘收果实’，缺乏中间环节。我们好不容易培育出小苗却发现没人施肥，那只能把它冰冻起来等待机会。”

万幸的是，最困难的日子里，“京天成”抓住了北京向高端服务型城市转型的机遇。在北京市科委搭建的“生物技术创新服务联盟”平台下，“京天成”承担了一些科研项目和外包服务，通过把企业技术和现有市场需求对接，活了下来。2010年初步扭亏，2012年盈利达到千万元，多余的收入用来反哺高消耗的抗体制药研究。

孙乐介绍，团队目前正在全力进行“H7N9抗体免疫试剂盒”的研发。相对目前市场流行的分子检测试剂盒，抗体检测能够提高精准度，并降低成本上百倍，但是由于资金、技术等原因，市场上只有“京天成”一家企业在做。提到未来，孙乐更是信心满满。“短期内，我们会和相关方面联手开发多个疫苗抗体检测试剂盒，打响公司品牌；长远来看，单克隆抗体药物将成为全球生物制药领域的佼佼者，届时我们的研发投入也会换来丰硕果实。”

让世界看到中国梦

有一组数据很残酷：在《时代周刊》评选的2011年

最有创造力企业里，美国有50多家，日本20多家，中国为0；2012年世界最有价值的25项发明里，中国还是为0。

多出几个高精尖端，少两个血汗工厂，多增几分绿色环保，少排些污水废渣，是孙乐读书时代的梦想。本科化工专业毕业后，孙乐曾去造纸厂工作过一段时间，亲眼目睹了传统制造业对周围环境的破坏，才有了孙乐后来立志用生物医药行业改变中国的梦想。孙乐努力着，也见证着国家的变化。

谈起公司自创建以来的8项知识产权、5个发明专利，孙乐如数家珍。最让他感到自豪的是公司拥有的目前国内最大的抗体库，库里保存着差不多所有国内外已知重大的传染病病原体抗体，未来会成为应对突发传染病的重要资源。

“我感觉世界对中国还是不够了解。”孙乐最近经常会作为代表参加业界国际研讨会，“可是每次当我介绍完实验室和近期工作后，很多国外专家会交头接耳，好像不敢相信我们已经走到了这一步。”孙乐笑了，“我还把我家住的小区和儿子读书的学校拍了放出来，我喜欢看他们惊奇的表情。”

（2013年4月28日《经济日报》）

为乡村创业梦拼搏

▲王　伟　何京辉

4月的中原大地，春意盎然，生机勃勃。记者来到河南省武陟县三阳乡后刘庄村采访，在该村千亩桃园深处，见到了正在给大伙儿讲解果树管理技术的大学生村官原称心，“正是桃园管理的关键时候，疏花疏果能减少树体营养消耗，马虎不得。”

2003年，原称心从河南科技学院毕业，很快便在南京找到一份销售工作。由于跟大学期间所学专业对口，加上吃苦耐劳，原称心干的得心应手。可他心里始终有一个梦，那就是自己致富不算富，要带领乡亲们一起走上致富路。

机会终于来了。2007年3月，他的家乡焦作市启动了大学生村官计划，得知这一消息，原称心毫不犹豫地回到家乡，决定为心底埋藏已久的“梦”搏一搏。经过层层选拔，当年5月，原称心顺利成为大学生村官，被分配到武陟县三阳乡后刘庄村任村委会主任助理。

到任后，他全身心地融入农村。通过两个多月的走村串户，他发现农民消费市场有潜力，决定开一家童叟无欺的便民超市。

原称心拿出打工时攒下的积蓄，又向亲朋借了些，三阳乡最大的便民超市“福明祥”开业了。超市营业之初，遇到了资金周转、经营管理等方面的困难，在乡党委、政府的协调下，通过用心管理和诚信经营，状况逐渐好转，仅仅一年，就成了全县有名的乡镇超市，年收入达30万元，还解决了15名农民子女就业。

原称心任职的后刘庄村有种植桃树的历史，是远近闻名的种桃专业村。但他发现从种植到销售，村民们都是各自经营，没有形成规模效应。通过深入的市场调查，他决定成立一个专业合作社，更好地保护农民利益。

成立合作社的想法得到了村两委的支持。原称心趁热打铁，带头入股3万元成立了三鲜果菜专业合作社，对入社农民实行“统一管理、统一物资供应、统一技术指导、统一销售”的“四统一”措施。

在桃树授粉、嫁接管理的关键时节，他邀请市农业局的专家对农民进行技术培训。“德国的专家还来过俺们合作社呢。”村民原长喜自豪地说。鲜桃上市时，原称心又组织合作社成员将桃子分出等级，分类装箱，仅此一项就直接增加果农收入20余万元。

“称心是大学生，有文化，合作社又帮了大家伙的大忙，我们都信赖他。”村民杨胜利说。据介绍，自合作社成立以来，鲜桃种植户纷纷加入，桃树的种植面积也逐年增加，入社农民每亩桃树净增收1400元。到2012年，全村1460亩土地上，光桃树就占了1280亩。

2012年，原称心荣获焦作市“十大创业之星”、“致富带头人”等多项荣誉称号。“今年的中央一号文件，鼓励农村土地合理流转，还鼓励种粮大户规模化种植，我准备成立自己的家庭农场，让俺村的桃园实现规模化生态化种植，最终打造一个现代版的万亩桃花源。”站在桃园，原称心勾勒出一幅美丽的蓝图。

（2013年5月2日《经济日报》）

用双手重建新生活

▲夏先清

2013年5月6日下午，坐在刚刚整修好的楼房里，四川芦山县大川镇三江村村民吴元春边抽烟边想着自己的心事：明天就要动手维修厨房、猪圈了，还差多少材料？

“如果没有大家的互相帮助，我们建不了这么快！”吴元春说，尽管同其他村民的房屋一样都成了危房，他家却第一个搬出帐篷住进了房子，“灾后政府给了我们很多帮助，但要重新生活，还得靠自己努力。”

吴元春家的3层木楼房顶在芦山地震中全部垮塌，其中一间除外立面受损较轻外，内部全部垮塌。要保住剩下的房屋建筑，是等党和政府来建还是自己动手维修？2013年4月23日晚，村里安置点帐篷内，一次主题家庭会议召开了，全家6口人依次发言，意见一致：自己动手把房子修好。

4月24日一大早，父亲吴映轩约上六七位邻居来到村外自家种植的杉树林前，请大家帮忙砍了5棵粗壮的杉树，吴元春又买回了1800块琉璃瓦。“把小青瓦换成琉璃瓦，1平方米屋顶要轻30斤左右，更重要是抗震！”长期做建材生意的吴元春讲得头头是道。

人工从哪儿请？吴元春的叔叔吴映福摆摆手：“不用请，听说元春要自己动手修房子，邻里乡亲都来了。”吴映福说，消息一传开，村民们都赶来询问什么时候开建，能帮什么忙，有30多位村民加入到修房队伍。

4月25日早上6点半，房屋修建开工。清理废墟、搬运木料、搭建架子……村民们有的锯木料，有的调横梁，有的在房下指挥调度。4月26日晚上的“竣工”仪式简单却特别——全家6口人搬出帐篷，把帐篷让给了村里更急需的群众。

“都是邻里乡亲的，你帮我我帮你没人计较过！”村支书竹春君对记者说，吴映轩家开了个好头，大家都回去看看自己的房，没什么大问题就自己修，你帮我我帮你，很快就建好了。“村里有457户人，就是457支建筑小分队。”竹春君说。

现在，吴元春家的生活已经步入正轨：在经加固的一楼门面，他的建材店刚刚开张；中间的小房间是他们家建起来的小型加工厂，常有村民来这里加工饲料。

而在吴元春看来，新生活已经不止维修房子这么简单。“大家早就想办农家乐、搞生态种养殖。”吴元春与村支书竹春君、村民徐建春开始描绘自己的梦想蓝图：先把流过村子的小河整治好，利用三江村的生态资源优势招徕成都等地的客人……

（2013年5月7日《经济日报》）

王东升和他的“显示梦”

▲鲍晓倩

2013年第一季度2.5亿元净利润。2013年的春天，曾因连年亏损却持续扩张，在资本市场被诟病为“烧钱机器”的京东方，终于迎来收获的季节。

20年的卧薪尝胆，20年的艰苦鏖战，20年对梦想坚韧不拔的坚守。对京东方科技集团股份有限公司董事长王东升来说，“永不言累，永不言难，永不言败，永不满足。我们是幸运的，生在民族复兴的时代；我们是幸运的，赶上一个可以大有作为的时代。”

为了一份承诺，王东升留了下来

京东方发轫于744厂，也就是北京电子管厂，是我国“一五”重点工程，曾经的辉煌自不必多言。1982年进厂的王东升却眼看着企业濒临被淘汰的命运。

“当时1万多在职职工、4000多退休职工。1986年至1992年连续7年亏损，每年亏损几千万元，职工医药费没处报销。”时任副厂长的王东升一度打算离开企业。一次偶然的经历改变了王东升的人生抉择，“当听到我们厂的一些老职工趁着傍晚去菜市场捡白菜帮子后，我觉得，我不能离开，我不能在企业生死关头撒手不管，人不能忘本忘恩。”

邓小平南方谈话，给这个年轻人带来了巨大的鼓舞与勇气。王东升任北京电子管厂厂长时才35岁。他和职工们凑了650万元创业基金，说服银行同意债务转股权，在老国企的基础上创办了一家新型股份制企业，从精密电子零件和材料做起，与国际大公司合作合资，逐渐成为显示领域精密零部件制造的一支新军。从濒临倒闭到起死回生，王东升仅用了5年时间。“我看到国企改革是有希望的。为了中华民族的伟大复兴，这句话让人们热血沸腾。”

2012年，京东方年增发明专利数量居全球业内第3，边际毛利率全球业内第3，出货量全球业内第5。老职工们到亦庄新厂区看8.5代线，感动得直流泪，都不敢相信自己的眼睛。

为了一个理想，王东升果断拍板

进入21世纪，北京电子管厂已改名为京东方；通过与冠捷合作生产显示器、与松下合资生产彩色显像管，业务范围不断拓展；通过上市融资，手里掌握着30亿元的现金流。“小日子”过得相当不错。

可是，外表儒雅的王东升心中总是激荡着实现梦想的冲动——“产业报国”。王东升每每感慨，三个“出身”决定了京东方永远不会停歇：一是京东方军工企业出身，有使命和责任感；二是京东方搞“洋务”出身，了解当今世界经济发展潮流及竞争规律；三是京东方搞电子管出身，太明白这个行业占领技术创新制高点的重要性。

经过对平板显示技术的摸索求证，王东升1998年就将力量集中到LCD液晶领域，显现出卓越的判断力。

找到了突破口，如何进入？一切都靠自己从头做起，时间不等人，而且中国的企业那时也不具备实力；合资进入？王东升断然否决，因为京东方与松下合资生产彩管，但到为期20年的合资期结束，外方也没透露他们的核心技术。

亚洲金融危机让王东升寻觅到一个机会：韩国现代集团要出售旗下的液晶显示部门，王东升力主兼并。

“董事会开了10个小时的会，大部分人反对收购，认为风险太大，技术水平太高我们消化不了。但我坚信半导体替代电子管是不可阻挡的必然趋势，不及早介入就会被甩得越来越远；如果成功收购，可能是一个让中国显示技术一步前进15年的历史机遇。”王东升作出了彻底改写京东方命运的抉择。

为了一份责任，王东升百折不挠

前沿技术要形成规模效益，需要常人意想不到的超大规模投入。王东升带领京东方开始了“刀尖上的舞蹈”。

开始时的一切还都顺风顺水。收购企业一事如愿进展，掌握了技术的京东方时不我待地于2003年9月投入约100亿元，在北京开工建设第5代TFT-LCD生产线，当时，全球尚无6代线。那一年，京东方还有几千万元的盈利。

可是，到2005年却急转直下。韩国、日本等厂商的5代线产能集中释放，产能过剩导致价格急剧下跌。2006年京东方上市融资计划受挫，使之雪上加霜。为了保障现金流，不得不借款70亿元，其中一半是短期过桥贷款。

2005—2006年，京东方连续亏损33亿元。王东升内外交困。不得已，只好卖掉了冠捷的股份，可即便如此，王东升从来没有放弃TFT-LCD的研发与产业布局，没有放弃对平板显示技术创新的坚守。

度过了危机的京东方在2007财年实现了盈利，2008年国际金融危机爆发，液晶面板市场再次崩盘，半年时间里产品价格下降了60%。生死关头的京东方不得不面临巨额投资的压力：京东方在成都4.5代线投资34亿元、合肥6代线投资175亿元、北京8.5代线投资280亿元、鄂尔多斯5.5代AM-OLED（世界最先进的主动有机发光显示技术）生产线投资220亿元……这期间，京东方累计亏损80亿元，累计投入500多亿元！连续亏损却连续巨额投资的京东方，被资本市场诟病为“烧钱机器”。

而且曾垄断中国液晶面板市场的跨国公司也不能容忍京东方的崛起。京东方在发展过程中屡屡遭遇国外厂商各种手段的“围堵”。

即使是泰山压顶，即使是最艰难的时刻，王东升从来没有动摇过。但不到60岁的他已是白发如雪。

为了一种感恩，王东升追梦前行

王东升笑到了最后。

跨国公司再也不可能“拥屏自重”了。8年前，我国进口17英寸液晶显示屏模组的价格是287美元，到2012年仅需50美元；4年前46英寸液晶电视市场价格是1.2万元，到2012年仅需4000元。这是技术进步的结果，更不可忽视的是京东方对跨国公司的制约作用。

2009年10月成都4.5代线实现量产；2010年10月合肥6代线实现量产；2011年9月北京8.5代线实现量产；世界上第二条5.5代AM-OLED生产线将于2013年年底投产；投资额为285亿元合肥的8.5代线、投资额为328亿元重庆8.5代线，进展顺利……“反周期成长”的京东方羽翼渐丰。王东升的“显示梦”渐入佳境。

“经过10年的积累，我们已经完成从平板显示领域的‘进入者’到‘追赶者’的转变；目前，我们是‘挑战者’；今后，我们要做平板显示技术的‘领先者’，最终成为这一领域的‘领导者’。”

为什么要如此近乎苦行僧般地执著？“若想成为一个受人尊敬的企业，不能只尽力于‘独善其身’，还要尽责于‘兼济天下’，更要尽心于‘经世济民’。所以我们以‘产业报国’作为产业人的本分。”王东升开始了他新的“十年磨一剑”。

王东升和他身后的京东方，凝聚的是一代人的产业报国梦、一代人的科技创新梦，今天正是他们乘着梦想起飞的时刻！

（2013年5月13日《经济日报》）

林场走出劳模兄弟

▲童　政　周骁骏

山高谷深，连绵起伏，一眼望不到边际……

这里是广西防城港十万山华侨林场，座座大山之间散居着2000多户人家。

五一前夕，深山里传出喜讯。农电工黄春强和黄春宁两兄弟同时荣获2013年“全国五一劳动奖章”荣誉称号。

绕过弯弯的山路，在一处山坡上简陋的营业点里，记者见到了兄弟俩。

说是营业点，其实是仓库、收费点和值班室三合一。里面的一个大架子上摆满了电工工具和各种器件；两张简易的床，是兄弟俩值班休息用的；而在门口摆放的两张旧桌子，则是收电费的柜台；整齐码放的电费记录本里，对华侨林场2026户用户的名字、所属台区（指一台变压器供电的范围）和每月用电量的登记无一遗漏。

谈起刚刚荣获“全国五一劳动奖章”的感受，哥哥黄春强说：“我感恩这片家园，想要给贫瘠的乡土带来光明和希望。”

“我们只想为家乡做点事，真没想到国家会给我们这么大的荣誉。”腼腆的弟弟黄春宁说。

从1999年开始，作为归侨子弟的黄春强、黄春宁就担负起了华侨林场的供电和维护工作，为归侨和附近村民提供服务。14年来，两兄弟踏遍了林场的每个村落，每户人家，为1.25万人带去光明，创造了供电辖区“零事故”、“零投诉”、“零欠费”的工作纪录。

山区的工作是辛苦而单调的。十万山华侨林场98.8平方公里，两兄弟负责维护7公里的35千伏线路、40多公里的10千伏线路以及大量的400伏线路，常常一天要走近10个小时。

广西电网公司防城供电公司总经理周山介绍说：“在这两兄弟之前，十万山片区也有人做过电工，但没过多久就受不了离开了。”是什么支撑着两兄弟坚持下来的呢？面对记者的提问，哥俩同时指着对方。

由于偏远落后，十万山大多数青壮年都选择了外出打工。2004年，哥哥黄春强去广东找到了一份收入比原来多两倍的工作。然而，由于不忍心弟弟一个人承担这么艰苦的工作，黄春强一个月后又回到了营业点，从此两兄弟再没有分开过。

留守在大山里的老人和小孩都缺乏用电常识。有一次，一位阿婆拿出用了好几年的手电筒，让两兄弟帮忙修理。“手电筒也带一个‘电’字，找你们兄弟没错吧？”

黄春宁禁不住笑起来，拍着胸脯跟阿婆打包票：“阿婆您放心，一定帮您修好！”

两兄弟说：“我们没有把天天面对的这些人当成客户，他们是我们的乡亲，给自家人办事，自然没有分内分外，再忙也要帮助乡亲。”

2011年9月30日，台风“纳沙”、“尼格”接踵而至，十万山多处树枝被折断后搭在线路上，造成隘脚村多处停电。两兄弟冒雨去检修，大雨过后的机耕路泥泞不堪，摩托车多次打滑侧翻，两人身上多处被碰伤。平时40多分钟的山路，这次走了两个多小时。在接近隘脚村时，终于发现了故障点。他们花了两个多小时恢复了供电。

在偏远的山区，有了电往往就意味着有了希望。教室里敞亮了，孩子们快乐地学习着。农产品加工、特色种养搞起来了，乡亲们的收入越来越高。电冰箱、空调等电器也进到山里了，乡亲们的生活越来越好。

逢年过节，两兄弟总能接到乡亲们打来的问候电话。进村检修线路，总会被村民拉下来喝茶吃饭。离开时，还要送到村口。

“知道什么让我们最快乐吗？”坐在营业点外面的大树下，黄春强说，“每次抢修，去时一片漆黑，回来的路上，灯光就在我俩身后亮着。这时候，我们就感到无比的幸福。实干才能圆梦，我们要当好知识型、创新型的电力工人，服务好每一位乡亲。”

（2013年5月15日《经济日报》）

守护海岛的“光明梦”

▲张建军　黄勇华

距离广东湛江市霞山区3海里处，有一个名为特呈岛的小渔岛。“我们是霞山区海头街道办事处管辖的一个村委会，是一个革命老区。”特呈岛村委会主任陈沈养回忆说，以前岛上的4000多村民根本不知道电为何物，一到晚上就只能点上昏暗的煤油灯，过着原始的“渔火生活”。直到1988年，一条海底电缆引上了特呈岛，结束了岛上无电的历史。也正是这一年，刚30岁出头的广东电网公司湛江供电局巡线工陈康贵来到了特呈岛，成为岛上的“光明守护者”。

长期以来，特呈岛村民一直面临着饮水难、行路难、卖鱼难、渔船避风难等“四难”问题。而且，小岛还经常遭遇台风袭击，台风一来岛上就没水没电没菜。

艰苦的岛上生活，吓走了不少人，但陈康贵却坚守下来，而且这一守就是25年。岛上上至80多岁的老人，下至3岁的小顽童，都知道没电找贵叔。全村老少也都把他这个曾对当地语言一窍不通的“外乡人”当自己人，每每见到他都会亲切地唤他“贵叔”。

“谁家里没电了，就算是三更半夜，贵叔也总是随叫随到！”陈沈养告诉记者，25年来，全岛3.6平方公里的电力线路安全维护几乎都落在了贵叔的肩上，烈日当空或披星戴月的时候，他爬杆拉线、抢修电路是家常便饭。而无论是帮村民解决用电故障，还是确定岛上的供电方案，无论是挨家挨户帮村民收集电费再漂洋过海去缴交，还是为村民讲解安全用电知识，贵叔都把为村民办事当成为家人办事一样。

“我守了这个岛20多年，大半辈子都在这里过了，给我再大的官当我都不走，干到退休吧。”这是贵叔在南方电网公司领导提出要把他调离特呈岛，调到条件更好的岗位时说的话。

岛上7个自然村的4500多名村民也舍不得贵叔走。20多年来，南方电网公司曾多次安排电工到岛上，但人来了，又走了。只有深深扎根于此的贵叔，默默为他们守护着“光明”。“岛上的每一根电线几乎都是贵叔一个人拉上去的，全岛的每一个角落早已深深烙在他脑海里。”特呈岛后场村党支部书记陈福邱说。

岛上的小孩最舍不得贵叔。有了电，就可以在明亮的教室里做作业，可以看电视、用电器。在他们眼里，有了贵叔就等于有了光明和快乐。

贵叔清楚地记得，当第一盏电灯点亮特呈岛的时候，全岛人欢欣鼓舞，更有老者热泪盈眶。小岛有了电，生活一夜之间变得多姿多彩起来。贵叔知道，是电力给小岛带来了光明和色彩，守护这份光明是自己光荣的使命、是他今生最自豪的事情。

春去秋来，转眼间，贵叔已经57岁了，而特呈岛也由一个小渔岛发展成为正在建设的“文明生态旅游新海岛”。贵叔见证着海岛的变迁，用坚守和付出实现自己的梦想，为海岛的发展送去光明，给村民带来生活快乐。

“退休了，如果还能帮上忙的话，我会选择继续留守在岛上。”执著追求、敬业奉献，陈康贵继续用心实现守护海岛人民幸福生活的“光明梦”，这就是陈康贵一个普通劳动者的中国梦。

（2013年5月17日《经济日报》）